"十三五"国家重点图书

数学与人文 · 第二十六辑
Mathematics & Humanities

霍金与黑洞探索

HUOJIN YU HEIDONG TANSUO

主　编　丘成桐　刘克峰　杨　乐　季理真
副主编　王善平

高等教育出版社·北京

International Press

内 容 简 介

《数学与人文》丛书第二十六辑将继续着力贯彻"让数学成为国人文化的一部分"的宗旨,展示数学丰富多彩的方面。

本辑是纪念英国著名物理学家斯蒂芬·霍金(Stephen Hawking,1942—2018)的专辑,主题是"霍金与黑洞探索"。专辑从多个角度、具体而深入地介绍霍金的生平与成就,展现他的个性和人格魅力,反映他在中国的影响,并报道他所从事的黑洞理论研究的新进展。

我们期望本丛书能受到广大学生、教师和学者的关注和欢迎,期待读者对办好本丛书提出建议,更希望丛书能成为大家的良师益友。

丛书编委会

主　编 (按姓氏笔画排序):
丘成桐　刘克峰　杨　乐　季理真

名誉编委 (按姓氏笔画排序):
万哲先　王　元　石钟慈　齐民友　吴文俊　张景中

编　委 (按姓氏笔画排序):

于　靖	马绍良	王仁宏	王则柯	王善平	井竹君	田　野
冯克勤	曲安京	朱熹平	刘献军	许洪伟	孙小礼	严加安
李文林	李　方	李建华	杨　静	肖　杰	吴　杰	何红建
沈一兵	张英伯	张顺燕	张海潮	张奠宙	周　坚	郑方阳
郑绍远	胡作玄	胡事民	姚恩瑜	袁向东	顾　沛	徐　浩
翁玉林	黄宣国	康明昌	蔡文端			

责任编委 (按姓氏笔画排序):
王善平　李　方

丛书编辑部 (按姓氏笔画排序):
邓宇善　刘建中　张　超　赵春莉

合作单位:
中国科学院晨兴数学中心
浙江大学数学科学研究中心
丘成桐数学科学中心

《数学与人文》丛书序言

丘成桐

《数学与人文》是一套国际化的数学普及丛书，我们将邀请当代第一流的中外科学家谈他们的研究经历和成功经验。活跃在研究前沿的数学家们将会用轻松的文笔，通俗地介绍数学各领域激动人心的最新进展、某个数学专题精彩曲折的发展历史以及数学在现代科学技术中的广泛应用。

数学是一门很有意义、很美丽、同时也很重要的科学。从实用来讲，数学遍及物理、工程、生物、化学和经济，甚至与社会科学有很密切的关系，数学为这些学科的发展提供了必不可少的工具；同时数学对于解释自然界的纷繁现象也具有基本的重要性；可是数学也兼具诗歌与散文的内在气质，所以数学是一门很特殊的学科。它既有文学性的方面，也有应用性的方面，也可以对于认识大自然做出贡献，我本人对这几方面都很感兴趣，探讨它们之间妙趣横生的关系，让我真正享受到了研究数学的乐趣。

我想不只数学家能够体会到这种美，作为一种基础理论，物理学家和工程师也可以体会到数学的美。用一种很简单的语言解释很繁复、很自然的现象，这是数学享有"科学皇后"地位的重要原因之一。我们在中学念过最简单的平面几何，由几个简单的公理能够推出很复杂的定理，同时每一步的推理又是完全没有错误的，这是一个很美妙的现象。进一步，我们可以用现代微积分甚至更高深的数学方法来描述大自然里面的所有现象。比如，面部表情或者衣服飘动等现象，我们可以用数学来描述；还有密码的问题、计算机的各种各样的问题都可以用数学来解释。以简驭繁，这是一种很美好的感觉，就好像我们能够从朴素的外在表现，得到美的感受。这是与文化艺术共通的语言，不单是数学才有的。一幅张大千或者齐白石的国画，寥寥几笔，栩栩如生的美景便跃然纸上。

很明显，我们国家领导人早已欣赏到数学的美和数学的重要性，在 2000 年，江泽民先生在澳门濠江中学提出一个几何命题：五角星的五角套上五个环后，环环相交的五个点必定共圆。此命题意义深远，海内外的数学家都极为欣赏这个高雅的几何命题，经过媒体的传播后，大大地激励了国人对数学的热情。我希望这套丛书也能够达到同样的效果，让数学成为我们国人文化的一部分，让我们的年轻人在中学念书时就懂得欣赏大自然的真和美。

前 言
—— 霍金与中国

王善平

本专辑是为了纪念英国著名物理学家斯蒂芬·霍金（Stephen Hawking，1942—2018）。

霍金致力于研究宇宙中最神秘的物体——"黑洞"，取得了一系列开拓性成果，被誉为爱因斯坦的继承人；他在 21 岁时被诊断患恶疾"渐冻症"，被预言只能再活两三年，但他却凭借坚强的毅力和豁达的人生观，让寿命远超医学极限；虽然因病情发展他后来已无法发声且全身只有一根拇指和眼球肌肉能运动，但在现代科技的帮助下，他依然能尽情享受丰富多彩的生活。

霍金与中国有着深厚的情缘。他曾三次访问中国，每次都引起轰动。对此，霍金的好友、著名华人数学家丘成桐教授解释道："霍金之所以引起轰动，成为一名'明星科学家'，一方面是因为他的学问的确做得好，另一方面则是因为他以残疾之躯做出了大学问，更加让人敬佩。他全身只有手指能动，但是他能够计算、交流，不停地前进，像这样的人，全世界找不出第二个。"*

丘成桐先生是霍金后两次访华（2002 年和 2006 年）的邀请人。其中在 2002 年，霍金应邀来华参加国际弦理论会议。他先后在杭州和北京做"膜的新奇世界"的科普演讲，均有多达三千人的听众，会场爆满，盛况空前。是年 8 月 19 日，时任国家主席的江泽民同志在北京中南海接见霍金、丘成桐、爱德华·威滕、大卫·格罗斯和安德鲁·施特罗明格等国际著名学者。会谈中，霍金等四位外国学者交给江主席一封联名信，其中表达了对来华访问受到盛情款待的感谢，并建议中国政府和社会支持年轻科学家参加国际交流与合作。该信的中译文及原件如下：

> 我们很高兴来中国访问并参加在杭州和北京举行的国际弦理论会议。感谢中国人民的盛情款待。令人印象最深刻的是，我们见到许多热情的年轻科学家，特别是理论物理学家和数学家。我们相信，他们不久将能为世界科学的发展做出重要贡献。我们非常乐意鼓励他们参加国际科学交流与合作的活动。来自政府和社

---

* 肖欢欢，李华. 丘成桐忆霍金. 广州日报，2018-03-15。

会的支持对于他们来说是非常重要的。

S. 霍金

（右手拇指印代签名）

D. 格罗斯

（签名）

E. 威滕

（签名）

A. 施特罗明格

（签名）

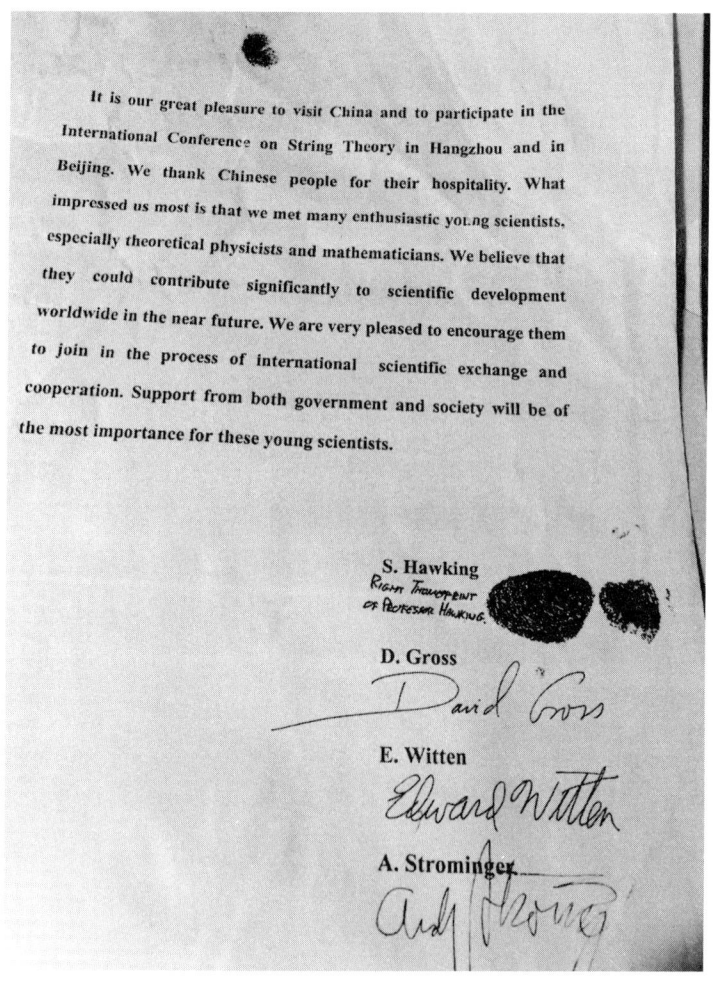

霍金、威滕、格罗斯和施特罗明格在 2002 年写给江泽民主席的签名信

2006年，霍金再次接受丘成桐先生的邀请，来华参加国际弦理论会议。他先去香港，在香港科技大学发表"宇宙的起源"演讲，有一千八百个座位的会场座无虚席，同时有十万余香港人在电视机屏幕前观看；然后他又来到北京，在能容纳六千人的人民大会堂做了同样的演讲，会场依然爆满。

2006年6月21日下午，著名科学家斯蒂芬·霍金在北京友谊宾馆举行答询会，回答公众提问。答询会结束后，霍金等世界顶级科学家合影留念，照片左起依次为大卫·格罗斯（David Gross）教授，斯蒂芬·霍金（Stephen Hawking）教授，爱德华·威滕（Edward Witten）教授，安德鲁·施特罗明格（Andrew Strominger）教授和丘成桐教授（摄影/刘允）

2018年3月14日，霍金辞世。BBC新闻网站以"斯蒂芬·霍金：中国所热爱的已故物理学家"（Stephen Hawking: China's love for the late physicist）为标题，报道了国内悼念霍金的热潮，其主要内容如下：

"全世界都在悼念76岁逝世的斯蒂芬·霍金教授，而在中国人们倾泻出一股特别的情感——在此，这位卓越的物理学家受到科学家、学生、官方乃至男孩乐队明星的尊敬。"

"'他将漫游宇宙与星系，最后会成为其中最亮的一颗星'，一条中文微博这样说道。"

"'他属于天上星辰，现在回去了。'另一条微博说。"

"许多中国人读过霍金教授的科普名著《时间简史》（A Brief History of Time），该书中文版的发行量仅次于其英文原版。"

"他在2006年访问中国时引起惊人的轰动，官方媒体将其魅力比之于汤姆·克鲁斯（Tom Cruise）。"

"他于 2016 年加入中国的微博，以'您好，我的中国朋友'作为开场白——随即受到热烈的欢迎，数小时内即被数百万微博网友关注。"

"中国文化历来尊重读书人和学者，也推崇勤奋和自律的品德。在生活中战胜了重重困难的霍金，无疑具备这样的身份和这些品德。"

"清华大学教授丘成桐曾经帮助安排霍金访华，他告诉 BBC 记者说：'我们钦佩他的创造力和他的研究精神，尽管他的身体条件是那么差。'丘教授继续说道：'他待人非常友善，很乐意向大众解释物理学，他的微笑吸引了每个人的注意力……'"

"霍金在最后一次访华期间，曾对听众说道：'我喜欢中国的文化、中国的食物还有中国女性——她们是那么的漂亮。'他还赞扬中国人'非常聪明'，'努力工作'，'在科技领域取得很多成就'。"

……

本专辑所选登的文章，从多个角度、具体而深入地介绍霍金的生平与成就，展现他的个性和人格魅力，反映他在中国的影响，并报道他所从事的黑洞理论研究的新进展。

"笑靥生辉撼宇宙"文，报道了《明报》记者叶国威对丘成桐先生的专访，其中谈到丘先生认识霍金教授 40 年来的交往与合作，以及邀请霍金访华的若干史实与细节。

美国加州大学圣克鲁兹分校的林潮教授，从 1972 年作为剑桥大学天文研究所的研究生开始，就与霍金有较密切的接触。他写的"追忆斯蒂芬·霍金"，图文并茂，亲切而真实。

曾长期在美国和中国台湾的多所大学和企业服务的著名物理学家冯达旋教授，根据亲身经历，写了"霍金与我：他传奇生活中的一些小插曲"，回忆了与霍金之间数次活动的交集，并推崇他是英国科学史上四个最伟大的物理学家之一。

复旦大学物理学系教授施郁先生撰写了"霍金的科学与人生"，以其特有的准确而流畅的笔触，介绍了霍金多彩的人生和非凡的科学成就；最后从霍金的葬礼，考察了英国安排伟大科学家最后归宿的传统和文化。

浙江大学的党颖老师，在 2002 年负责霍金及其夫人一行来杭州访问的接待工作。在"'人去留影'——我所见到的不一样的霍金教授"一文中，她以细致的观察生动描述了霍金及家庭成员的生活百态，他们与杭州人民的热情互动，以及她后来到英国剑桥访问霍金家庭时所留下的深刻印象。

"哈佛物理学家纪念霍金"一文报道了霍金教授的学生、同事与合作者们，聚集在哈佛大学黑洞原创研究中心，追忆这位著名理论物理学家和宇宙学家的生平与工作。

哈佛大学的校友 David H. Abramson 医生写的回忆文章"哈佛毕业典礼上救霍金"，记述了他在 1990 年哈佛大学的毕业典礼上，陪同前来接受荣誉学位的霍金教授参加活动、浏览校园的过程；其中还包括抢救濒临窒息之霍金的惊险情节。

本专辑还收录了霍金教授在中国所做的演讲和所写的文章，包括 2002 年的演讲"膜的新奇世界"、2006 年的演讲"宇宙的起源"、在 2017 腾讯 WE 大会上的演讲"'突破摄星'的目标在于实现星际旅行"以及在近期 *ICCM Notices* 和《数理人文》上发表的"中国应该建造巨型对撞机，荣耀将被历史永远铭记"。

在本专辑的"黑洞探索"栏目下有五篇文章："霍金解决了黑洞悖论？科学家说，还早着呢""超弦理论中的黑洞与信息佯谬""黑洞的神秘历程""邻居的秘密"和"黑洞是什么？"，它们从多方面报道了——在霍金的开创性工作之后——黑洞理论研究的现状和进展。

最后，在"数学星空"的栏目中，登载了由季理真教授撰写的关于 19 世纪挪威伟大的数学家、李群理论创立者 Sophus Lie 生平和工作介绍的文章，Alice S. Whittemore 等人关于 20 世纪美国著名应用数学家 Joseph B. Keller 的回忆文章，以及由著名理论物理学家和数学家 L. Faddeev 撰写的"量子逆散射法的教育性历史"。

目 录

《数学与人文》丛书序言（丘成桐）

前言——霍金与中国（王善平）

纪念斯蒂芬·霍金（1942 年 1 月 8 日——2018 年 3 月 14 日）

3 　笑靥生辉撼宇宙——专访丘成桐谈霍金（叶国威）

6 　追忆斯蒂芬·霍金（林潮，译者：郑晓晨，毛淑德）

12 　霍金与我：他传奇生活中的一些小插曲（冯达旋）

16 　霍金的科学与人生（施郁）

27 　"人去留影"——我所见到的不一样的霍金教授（党颖）

34 　哈佛物理学家纪念霍金
　　　（Amy L. Jia, Sanjana L. Narayanan, 译者：赵伟）

36 　哈佛毕业典礼上救霍金（David H. Abramson, 译者：王善平）

霍金在中国的通俗演讲和文章

43 　膜的新奇世界（Stephen Hawking,
　　　译者：戴柬，朱重远，校订：凌意，朱传界）

49 　宇宙的起源——在 2006 年访华期间的演讲
　　　（Stephen Hawking, 译者：吴忠超）

56 　中国应该建造巨型对撞机，荣耀将被历史永远铭记
　　　（Stephen Hawking, Gordon Kane, 译者：鲜于中之）

64 "突破摄星"的目标在于实现星际旅行
　　——在 2017 腾讯 WE 大会上的演讲（Stephen Hawking）

黑洞探索

69 霍金解决了黑洞悖论？科学家说，还早着呢
　　——黑洞与信息丢失之谜十分棘手，很难在短期内解决
　（Clara Moskowitz，译者：张旭阳）

73 超弦理论中的黑洞与信息伴谬（Juan Maldacena，译者：田雨）

78 黑洞的神秘历程（Steve Nadis，译者：周彬）

86 邻居的秘密——天文学家能否通过研究临近的星体来了解宇宙的起源和命运？（Steve Nadis，译者：吴小宁）

94 黑洞是什么？（埃里克·科里尔，译者：赵伟）

数学星空

111 数学巨人 Sophus Lie（季理真，译者：林开亮）

138 Joseph B. Keller (1923−2016)
　（Alice S. Whittemore, George Papanicolaou, Donald S. Cohen, L. Mahadevan, Bernard J. Matkowsky）

153 量子逆散射法的教育性历史（L. Faddeev，译者：王知远）

纪念斯蒂芬·霍金
（1942年1月8日——2018年3月14日）

笑靥生辉撼宇宙
—— 专访丘成桐谈霍金

叶国威

记者（下称"记"）：您是怎样得知霍金教授逝世的消息？有什么感受？

丘成桐（下称"丘"）：我是在3月14日中午，媒体问及才得知这个消息的。我与霍金教授经常合作的同事佩里教授（Malcolm Perry）和施特罗明格教授（Andrew Strominger）十分熟悉，经常跟他们谈及工作，所以这个消息对我来说非常震惊，也十分伤感。

记：您跟霍金从什么时候开始认识？

丘：第一次见面在1978年9月1日，他邀请我到剑桥大学访问，解释当时我刚刚和孙理察（Richard Schoen）完成的正质量猜想，这个猜想在广义相对论极为重要，霍金想知道我们如何完成证明。其间，我和他有不少私人交流，更多次到他府上作客；后来他亦接受我的邀请到美国普林斯顿高等研究院和哈佛大学访问。最近，我邀请他发表一篇文章谈他对高能物理和建立对撞机的事情，他欣然接受，写下一篇很好的文章。

记：您眼中的霍金，是个怎样的人？

丘：他为人随和，亦很风趣，愿意帮助别人，更愿意给外行人解释物理学。他的笑容能够吸引别人的注意力。

记：在与霍金接触期间，您最难忘的是什么？可否举出具体的例子。

丘：他对做学问有强烈好奇心，热情且开放，他愿意接受新的挑战和不同的看法：1978年时，我和我的伙伴解决广义相对论里面一个重要的问题时，几乎所有物理学家都不相信数学家有能力做这个问题。但是霍金力排众议，邀请我飞到英国剑桥讨论了一整天，提出了很多有意义的新方向，使我受益匪浅！

记：数学家与物理学家有什么异同？两者如何合作互补？

丘：其实在量子力学产生以前，数学和物理不分家，大物理学家如牛顿也是大数学家。反过来说，高斯、黎曼、外尔在物理学上的贡献不比一般的大物理学家逊色。

记：2002年，霍金第二次访问中国，是由您发出邀请的，对吗？

丘：对，那年我在浙江大学创立的数学研究所举行成立典礼，特别邀请他参加,他欣然接受,在学校的体育馆做演讲。有二千多听众,还有一千多个听众绕着场外支持,可谓一时盛会!他和他的夫人对于杭州西湖和周边的文化特别喜欢。

在杭州开会后,我们一同到北京出席另一个大会,三千人参加,不收费用,但是听说入场门票的黑市价格被炒到八百元。当时,江泽民主席欣然接见了他,让他一下子成为中国学者的偶像。

促成访港举世关注

记:2006 年,霍金唯一一次访港,也是由您牵线的?

丘:是。2006 年,我在北京主持国际弦论大会,霍金也答应参加。但是由于经费问题,我建议先到香港去做访问,并解决国际旅费支出(六十万港元)。霍金欣然同意,然后我向香港中文大学的副校长杨纲凯教授提出邀请霍金访港,可是他和学校其他的物理教授都认为太昂贵,经过三次磋商,最后决定不发出邀请。当时,我的朋友郑绍远教授在香港科技大学担任理学院院长,他知道后立刻同意邀请,因此,霍金团队到港,我也在香港科技大学招待他们。

记:那次盛况空前。

丘:对,霍金访港成为香港历史上一件盛事,每十分钟就有一个报道,更有香港的企业家为这件事主动捐献三百万港元给香港科技大学。霍金启发了一大批香港年轻人的科学灵感,也让全世界关注香港。到了北京后,本来接待霍金的教授安排了一个只能容纳一千位听众的大厅,但我坚持要在人民大会堂六千人的大型演讲厅举行,结果爆满。可见中国人民多么尊重这位大学者!

记:霍金访港期间,本刊也推出了霍金访港特辑《霍金的世界》(见本刊 2006 年 7 月号),通过香港科技大学余珍珠教授访问了霍金的女儿露茜·霍金。谈及父亲,她当时说了这段话:"他是一个伟大的科学家。然后,他希望人们会记得他是一个享受生活的人、一个音乐爱好者、一个美女鉴赏家,等等。我想他会希望人们记得他是一个勇士——他迎接生命的巨大挑战,面对这些挑战,昭示世人这是可能的。"您认同这一说法吗?您自己又有怎样的观感?

丘:他访港期间,我和他女儿有相当多的交流。她说的话确是事实。我受过他多次邀请,到他家吃饭,他确实喜爱享受生活,喜欢音乐,喜欢美女。在访港之后的世界弦学理论大会上,有两位当代伟大的物理学家,一位是 2004 年诺贝尔物理学奖得主格罗斯(David J. Gross),另一位是威滕

（Edward Witten），他们的妻子都是美人。在北京期间，她们争着给霍金教授喂饭，霍金先生笑得合不拢嘴，开玩笑说："你们都到我家去服侍我。"还有，在 2002 年浙江大学数学研究所举行成立典礼时，很多记者想要采访他。有一位美女记者向我请求很多次，要求单独采访霍金，我也没有办法。经过多次请求后，我最后建议她前去拥抱霍金一下，结果霍金高兴得不得了，约好时间专访。但据我所知，他太太大为生气，访问没有成功。他在杭州时，我们找到一位很有修养而且长得很美的教授夫人陪同他，他开心得不得了，到处游玩。

科学贡献无出其右

记：能否总结一下霍金在科学上的贡献？

丘：霍金确实是一代大师，近 50 年来他在广义相对论的贡献，无人能出其右！他发现的量子引力的第一个成功理论，被称为"霍金辐射"理论。他和彭罗斯（Roger Penrose）的黑洞理论一直是古典广义相对论的最重要的基础理论。他在宇宙论中亦有极为杰出的贡献！

记：有人说霍金自己对未能得到诺贝尔奖感到遗憾，您对此有什么看法？

丘：科学大师做学问不是为了奖状，我相信他并不这么在意。

记：他在 3 月 14 日离世，这一天也是另一位天才科学家爱因斯坦出生的一天，两位科学家的天才之间，有什么异同？

丘：爱因斯坦完成的工作和其原创性比任何人都重要。

记：未来的科学家，如何延续霍金的学术研究？要成为爱因斯坦、霍金之后的科学家，有什么条件？

丘：顺其自然，只要继续有人带着强烈的好奇心，本着求真求美的立场，不求名利，总会有这样的学者出来。

记：最后，霍金最值得香港人学习的地方是什么？

丘：霍金在身体极度衰弱的情况下仍然充满热情，数十年如一日地努力研究宇宙物理的基本问题，绝对是香港人乃至人类学习的榜样。

编者按：本文原载于《明报月刊》2018 年 4 月号。访问者是《明报月刊》编辑。

追忆斯蒂芬·霍金

林 潮

译者:郑晓晨,毛淑德

> 林潮,加州大学圣克鲁兹分校教授,清华大学高等研究院访问教授,美国艺术与科学院院士。1976年获剑桥大学博士学位,在哈佛大学做了一年博士后短暂回到母校,之后一直在加州大学圣克鲁兹分校任教至今。其研究覆盖了从系外行星、星系动力学到星系形成的多个领域,在吸积盘理论和天体动力学方面做出了杰出的贡献;他提出了系外行星盘沟形成和轨道迁移的假说,在业内引起广泛影响。2007年初至2011年底为北京大学科维理天文与天体物理研究所创始所长;2014年获美国天文学会Brouwer奖;2015年因其对天文学和中国天文的杰出贡献获太平洋天文学会Bruce奖(哈勃于1938年曾获该奖)。

斯蒂芬·霍金的辞世,令我和众多朋友、同事深感悲痛。长久以来,他不仅仅是智慧的化身,也是激励世人的榜样。我很荣幸,在过去长达46年的时光中,曾与这样一位科学巨匠相识相知。他那标志性的胜利微笑,诙谐的言辞,以及坚定果敢的精神,无不深深感染着周围每一个人,让人难以忘怀。

与霍金的初见,可追溯到1972年,当时我作为一名研究生新生,进入剑桥大学天文研究所深造(图1)。他的发音含糊不清,初见时往往难解其意。恰巧,我的博士生导师Brandon Carter教授与霍金既是关系紧密的合作者,也是亲密无间的好友。那个夏天,他们和James Bardeen在莱苏士联合创立了一项关于黑洞热力学的简明理论框架。在他们的共用办公室里,纸张笔记铺满了桌子和地板的每一个角落。可即便如此,霍金也总能在一片狼藉中准确找出需要的文件。在研究所他不得不依靠轮椅在走廊里上下移动,但他坚持用自己的双手来推动。虽然健康每况愈下,他却仍然保持高强度的工作，哪怕晚上 7 点以后，他的办公室也常常灯火通明。每次我帮他安顿到他的手控式电动汽车里时，常常担心，在漫漫的归家途中，他的车是否有足够的电力躲避那些飞驰的卡车。

图 1　剑桥天文研究所合影（摄于 1973 年，前排左一为霍金、第三排左二为本文作者），图片来源：剑桥天文研究所

在剑桥天文研究所的时光很美好，各位杰出教授以及国际知名访问学者与学生们亦师亦友。比如，我的导师 Brandon Carter 就常常邀请我到他家聚餐，一个坐落于剑桥附近村庄中的小别墅，也是在那里，我第一次见到了霍金的夫人简（Jane，图 2）。虽然都是家常的餐食，但聊天内容却涉猎极广，从科学到文化，从文化到历史，每次都是一场丰富的精神盛宴。我们的大厨 Brandon，甚至由于太过投入，常常忘记炉上正烧煮的锅皿而烧糊菜。后来，Brandon 携夫人搬去了他们位于巴黎的公寓，霍金的家就成了我们新的阵地。我至今仍记得，那是个位于小圣玛丽车道的狭小公寓房，一条窄窄的楼梯笔直地通向四楼。有一次，Kip Thorne（2017 年诺贝尔物理学奖获得者——编者注）也加入了我们的聚餐，为了向 Kip 展示他的某件收藏，霍金不得不艰难地爬上陡峭的楼梯。我想帮忙，却被简制止，她是那么了解霍金，知道他多么渴望自食其力，虽然过程艰辛，但对霍金来说未尝不是一场精神与身体的锤炼。很明显，正是由于简的理解包容、坚定奉献以及体贴入微的看护，霍金才能下定决心、尽可能地正常生活。

图 2　霍金全家福（霍金、简、大儿子罗伯特、女儿露西和小儿子蒂姆），图片来源：文献 [1]

在风和日丽的天气里，简常常带着他们蹒跚学步的孩子一起，来天文研究所看望霍金。他们甚至在所长的花园里，辟出一方小小的菜地。某个仲夏夜，在简离开后，我主动请缨帮助霍金观测土星，所用的诺森伯兰

（Northumberland）望远镜在一个世纪以前，曾被 James Challis 征用，寻找海王星未果。作为一个热衷于纸上谈兵的理论家的我，校准望远镜颇费周章。由于土星略高出地平线，我不得不将霍金安置在一个带梯子的、可移动的木椅上。事实上，这是他第一次亲眼观测到土星壮观的环状结构。他骄傲地告诉我，伽利略是世界上第一个看见土星环的人，而他则诞生于伽利略逝世 300 周年，真是个有趣又神奇的巧合。而今，斯蒂芬·霍金的离世之日，没有早一天，也没有晚一天，恰恰是爱因斯坦诞辰 139 周年，冥冥中似有深意。

剑桥的许多社交生活都围绕着各个学院，而我和霍金同在冈维尔与凯斯（Gonville and Caius，图 3）学院。当时，学院院长是李约瑟，因为其对中国科学和文明史的巨大贡献，他常常成为高桌晚宴上大家探讨的焦点。在这类社交聚会上，来自各个领域的专家学者相互启发、获取灵感，霍金也乐此不疲。甚至为了出入二楼的餐厅，他不得不小心翼翼地转动轮椅，以顺利通过后厨的食物传送电梯。但无论是行动的不便，还是沟通的不畅，都无法磨灭他积极融入各类知识交流活动中的热情。

图 3 冈维尔与凯斯（Gonville and Caius）学院，图片来源：学院网站

在天文研究所（图 4），有很多优秀的访问学者。比如 20 世纪 70 年代中期，Chandrasekhar（1983 年诺贝尔物理学奖获得者——编者注）曾到访并做了一场关于相对论性椭球体的报告。就如同他百科全书式的著作一样，Chandrasekhar 在报告过程中系统地展示了很多形式复杂的公式，这些公式写在透明的投影玻片上，推导过程一气呵成。演讲中途，房间后方传来一些喃喃自语，并夹杂着难以理解的评论。大家静默下来，直到霍金的某个学生转达他戏谑的评论——"第 7 页第 3 行第 2 项符号错误"。大家爆笑出声，气氛活跃起来，唯有 Chandrasekhar 一脸严肃地盯着那个公式，想了半天，最后声明"符号没错！"。

也正是在这个时期，霍金发现了黑洞辐射，其实他最初的想法是检验 Bekenstein 对于熵描述的正确性。结果在研究过程中，他取得了真正革命性的进展，发现了量子效应导致的黑洞辐射。他长时间地待在办公室里，一边凝视着窗外开阔的牧场，一边思考。自从手臂活动能力丧失后，他只能在脑

图 4　简约、幽静的剑桥天文研究所，图片由毛淑德摄于2012年

中完成大多数的计算，然后由学生们帮他将想法写下来。在他公布了自己的最新发现后，受到了某些权威方的质疑，文章的发表过程也波折不断。当然，这些小坎坷都无法阻挡他前进的脚步，后续的工作进一步巩固了概念基础，完善了这一非凡的理论。

他关于奇点理论和黑洞辐射的工作，引发了学术界的大量关注。来自世界各地的邀请信纷至沓来，霍金也竭尽所能地去更远的地方讲学，向世界传达自己的观点。某次恰逢陈省身到访，我同邀了霍金夫妇来家中聚餐。席间，霍金差点因为一块鸡肉而窒息，我们都吓坏了，然而简冷静地把手臂环绕在霍金脖子上，施压将堵塞物清理出来。后来闲谈时，简告诉我，她有 1/8 的中国血统，因为她母亲的祖母是中国人，姓"Lam"。当我告诉她"Lam"就是"林"字的粤语发音后，她甚至打趣说也许我们是远亲。一年后，我的第一个孩子出生，以简的名字命名，霍金和简成为孩子的教父、教母。

随着霍金病情的恶化，护士和学生开始搬到他们位于冈维尔与凯斯学院附近的新家。尽管他们全力以赴维持着霍金的身体机能，但来自身体的压力和紧张的情绪，仍不可避免地加重了他的病情，为他们的日常生活中平添了许多烦恼。这一时期，简仍在攻读现代语言的博士学位，学习、唱歌、瑜伽成为她为数不多消解苦闷的方式。尽管如此，他们全家还是每年抽出时间前往他们位于法国布列塔尼海岸的小屋度假。简是这些年假的总指挥，而霍金也非常珍惜他的家庭生活，虽然每次年假都意味着他必须忍受并克服巨大的挑战。20 世纪 70 年代后期，渐冻症摧毁了霍金的大部分行动能力，他不得不换了一个电动轮椅。很快，这个代步工具成为他和孩子们最为钟爱的玩具。霍金就是这样，无论境况如此不堪，他总能寻到快乐的由头，笑对生活。

图 5　霍金1985年第一次访问中国，北师大研究生把他抬上长城（霍金后侧身的蓝衣服者为朱宗宏，现为北京师范大学天文系教授）

斯蒂芬·霍金的励志事迹和他的人性光辉成就了他当世巨星的地位。他很享受自己作为公众人物的身份和头顶无时无刻不在的聚光灯。当大多数人都在抱怨并尽可能避免长途旅行时，霍金却被异国情调所吸引，甘冒其险，从长城到白宫（图5，图6），无不留下了他的身影。甚至在他热切地期盼下，终于能够亲自感受一下 NASA 培训飞机上的失重体验。不幸的是，在一次前往瑞士的途中，霍金忽染致命的肺炎，简果断通过紧急空运将他带回英国，实施气管切开手术，挽留了他的生命，却也让他彻底失了声。

几周后，我在剑桥的 Addenbrook 医院见到他时，他看起来很沮丧，似乎已经丧失了生存下去的动力。简陪伴在侧，试图帮助他开发出一种新的交流方式，比如利用眼球的转动锁定字母板上的对应字母。所幸科技的飞速发展，让他很快可以通过唯一能动的拇指，控制一个语音合成器。尽管这一方式交流进程缓慢，却无疑为他打开了与外界沟通的窗口，令他振奋。他最初还常常抱怨这个语音合成器发出的

图 6　2006年霍金第三次访问中国并到天坛游览，图片来自网络和文献 [1]

美国口音，后来却又拒绝更换，因为这种口音，从某种程度上讲已然成为他的标志。

后来我定居加州，每次去剑桥开会时都会拜访霍金。即使他的健康状况堪忧，他仍对自然和人文科学的诸多基本问题非常感兴趣。几年前，我们甚至还聊到了地外生命和人工智能的前景。当时，他的手指机能也丧失殆尽，所有表达都只能借助于眼球的运动和眼镜上的一个微型屏幕。尽管每一个简明的句子都需要花费 10 分钟甚至更长的时间，霍金依然竭尽所能地传达着自己的每一个观点。

事实上，距离霍金第一次确诊出渐冻症，他的存活时长已然是一个奇迹。可他依然挣脱开病体的束缚，克服无数挑战，度过重重难关，对科学和人类社会产生巨大影响。他不仅是一代传奇，也是无数人心中意志坚定、战胜万难的终极偶像。我们常常调侃，他的那本经典之作——《时间简史》，原本应是最难懂的书籍，深刻理解者寥寥无几，然而却成了世界上最畅销的科普读物之一。这些年来，每当我失望沮丧之时，都会想起他来，想起那个热爱家庭、努力生活的勇士，想起他的幽默感与激情，想起他无边的决心、乐观与斗志。这样的一个人，终究还是奔向了他挚爱的星辰宇宙，离苦得乐！

参考文献

[1] 霍金图片集, http://www.dailymail.co.uk/news/article-5498967/The-extraordinary-life-pictures-Stephen-Hawking.html

[2] http://astro.tsinghua.edu.cn/~smao/intellectuals/hawking_lin.pdf

编者按：本文英文原稿可见文献 [2]，中译文刊载于《知识分子》，《数学与人文》经《知识分子》与译者授权转载。

霍金与我：他传奇生活中的一些小插曲

冯达旋

> 冯达旋教授，核子与核天文物理、量子光学与数学物理领域专家，在美国和中国台湾多所大学及企业服务超过 30 年，曾出任 M. Russell Wehr 讲座物理教授、美国国家科学基金理论物理组主任、美国德州大学达拉斯分校研究副校长兼物理系教授、美国五百强企业 SAIC 副总裁、新竹清华大学与成功大学资深副校长等职。

昨天晚上，当我正准备就寝的时候，忽然在微信上看到霍金去世了。这个消息令我几乎整晚不能入睡。

假如只是以一位理论物理学家的角度去想的话，我一定用对他的物理非常赞扬的话来说。譬如他的研究又艰难又深奥。他这么年轻就得了重病，但能够克服一切生理上的困难。所以很多物理学家，包括我，都感到霍金的一生是非常神奇的。

当我在床上翻来覆去的时候，我回想起我和霍金在 20 世纪 70 年代末，一直到 80 年代初的一些非常有趣的交往。所以这里就让我把这些交往写下来，也算是我对他的怀念吧。

1978 年是我首次真正把霍金的名字深深的打入我的脑海中。那时候我是一位年轻的在美国费城 Drexel 大学的物理教授。我在系里的一个任务就是负责每个礼拜邀请一位演讲者为全系讲一些物理的前沿问题。当时在我们旁边的宾州大学有一位来自以色列的年轻科学家，名字是 Jacob Bekenstein。有一位同事告诉我，这位科学家非常出色，既然他就在隔壁，我们就请他来做演讲。假如我没记错的话，他演讲的内容就是《霍金-Bekenstein 辐射》。

果然，Bekenstein 不只学问好极了，他的演讲技术也非常高超。在那一

2015年，Bekenstein教授
（照片来自futura-sciences.com）

小时的演讲，他能够把一些黑洞如何辐射的问题，譬如如何跟热力学挂钩，如何用量子力学效应算出黑洞辐射与温度的四次方成正比，讲得清清楚楚。从那个演讲之后，霍金的名字就一直在我的心中。

两年过去了，我在费城的人脉也慢慢地增加。我和系里面的同事 Lorenzo Narducci 成为费城世界闻名的富兰克林中心的艺术与科学委员会的成员。这个委员会最重要的责任就是选拔富兰克林科学奖得主。这个奖是从 1915 年开始，比诺贝尔奖晚 15 年，是美国的一个非常重要的科学奖。在 1981 年，霍金获得了这个奖。他来领奖的前一天晚上，我做了一生中特别遗憾的一件事情，那就是没去参加在富兰克林中心的舞会。假如我去的话，我就能看到霍金坐在轮椅上与许多与会的女士共舞！

我和 Narducci 也借这个机会请霍金到我们系里来演讲。我记得他的演讲题目是《通胀宇宙》（Inflation Universe）。演讲地点是我们物理系

霍金著作《时间简史》封面(照片来自amazon)

里面最大的礼堂，大概可容纳 500 人左右。没想到来听霍金的演讲的听众人山人海。后来人多到我们必须让许多要听的人，包括有些来自较远的纽约市的，失望而归。

在20世纪80年代初，霍金的口语已经是很不清楚，有一个学生跟着他为他翻译。所以他的演讲是先由他发出声音，然后学生说他所要讲的话。虽然如此，四五百位观众仍然是听得如醉如痴。

大家没想到，在我们系的这一次演讲，以后竟然成为他在那本名著《时间简史》（A Brief History of Time）中提到的"Drexel Seminar"并且他与另外一名非常著名的理论物理学家Paul Steinhardt产生了很激烈的争论。这个引起全球物理学界的争论一直到1990年初才平静下来！

一年以后，也就是1982年的春天，我最后一次遇见霍金教授。当时美国国家科学基金会在加州大学圣塔芭芭拉分校建立了一所理论物理中心。这个中心每年在全世界挑选一些物理学家去那里搞论坛。这些论坛短的是几个月、长的是一年。

1982年的春天，我被邀请去参加理论核物理的论坛。同时还有另外一个论坛是关于宇宙论的。在那个论坛的团队里面，霍金当然是重要成员之一。我跟他虽然同在理论所，但是隔行如隔山，我每次见到他，他都是被许多物理学家围住。

有时候事情真是人算不如天算，有一天我吃完午饭，回到所内要乘电梯上楼。刚好霍金跟他的学生也用完午餐回来，也要乘电梯上楼。我们三个人进电梯后，我看着他，他也看着我。

当时我就鼓起了勇气问他："霍金教授，我不知道你记不记得我，我们去年在费城富兰克林中心见过面。"

听了我的问话，霍金教授做了一些声音。他的学生就回答说："霍金教授告诉你，他非常记得你。"我听了开心极了。

然后霍金又做了一些声音，之后他的学生说："霍金教授想告诉你，自从离开费城以后，他了解了宇宙（He understands the universe）！"

Maxwell（照片来自维基百科）

听了他这一句话，我忽然感到无限的渺小。之后，电梯门开了，我就看着他的学生推着他的轮椅远去了。以后我再也没有机会与他相见。

他最后对我讲的那一句话几十年来一直回绕在我的脑海中。今天听到他已经作古，就令我想起四位伟大的英国物理学家。前面三位完全改变了人类生活方式。

第一位当然就是牛顿。牛顿的经典力学除了能够彻底改变人的生活方式，也能够使人们对宇宙运动有更深一层了解。

第二位就是麦克斯韦（Maxwell）。他对电磁学的全面阐释也改变了人类生活方式，并让我们彻底深入了解宇宙的行为。

第三位是狄拉克。他对量子力学的发展有重要贡献，虽然除了他以外还有其他一大群优秀物理学家的参与。量子力学不仅改变了人类生活方式，也让我们对宇宙又有更深一层的了解。

第四位就是霍金。但是霍金的工作能不能够同前面三位伟大的英国物理学家的工作一样，对人类社会的发展产生重要影响，并在深入了解宇宙行为的方面有革命性突破，现在还没有盖棺定论。

狄拉克（照片来自维基百科）

不过他们四个人对科学的追随有一个共同点，那就是他们虽然住在从宇宙的角度看来微不足道的地球上，但他们都在找宇宙的真理。所以霍金在 1982 年最后对我讲的那一句话，绝对不是他为了要在我面前炫耀自己，而是他的思维是分分钟钟希望能够跑到宇宙的最深之处。

无论以后几百年人类会对霍金有什么看法，我想他对宇宙的真理的追求应该是他不朽之处吧。

安息吧，霍金先生！

（写于 2018 年 3 月 15 日）

霍金的科学与人生

施 郁

> 施郁，复旦大学物理学系教授，博士生导师，主要研究方向为量子纠缠及其在凝聚态物理和粒子物理中的应用。

斯蒂芬·霍金（Stephen William Hawking）的科普著作《时间简史》幽默地介绍[1]：他出生于1942年的伽利略去世纪念日，拥有艾萨克·牛顿曾经担任过的剑桥大学卢卡逊数学讲席教授（Lucasian Professor of Mathematics），被广泛认为是继爱因斯坦之后最杰出的理论物理学家。显然霍金以这些为荣，他的出生日1942年1月8日正是伽利略逝世300年的忌日。不知道霍金在弥留之际，有没有幽默地想起，他去世于爱因斯坦的139岁诞辰日（3月14日）。如果他想到，大概会有点小得意吧。

斯蒂芬·霍金与简

霍金在他的学院里

霍金是从伽利略到牛顿，再到爱因斯坦经过几次升级的引力物理学的杰出传人。他对广义相对论和宇宙学做出了巨大贡献。虽然很难说霍金是"爱因斯坦之后最杰出的理论物理学家"，但可以说是最杰出者之一。"理论物理"的含义有时并不明确，比如霍金在1980年就任卢卡逊讲座教授的演讲题目是"理论物理的末日是否已经到来"。这里的"理论物理"特指广义相对论与量子力学的统一。如果说霍金是爱因斯坦之后最著名的科学家，应该没问题。

大圣玛丽教堂，图片左侧是冈维尔与凯斯学院，铁栏杆所围的是评议会办公处

成长经历

1962 年，牛津大学的本科毕业生霍金知道自己只对理论物理感兴趣后，在理论粒子物理和宇宙学之间选择了后者[2]，因为他觉得粒子物理像植物学，只有粒子，没有理论，而宇宙学基于一个很好的理论（指广义相对论）。不过，这只是反映了当时霍金作为学生的品位。其实那个年代的粒子物理正处于标准模型的建立过程中，"没有理论"也正是一个机会。然而如果霍金在剑桥大学学习理论粒子物理，确实很难在研究生和研究员期间很快成名。霍金幸运的是，当时宇宙学和天体物理也正要大发展。

牛津没有宇宙学家，剑桥有著名的霍伊尔（Fred Hoyle）教授，于是霍金申请去剑桥大

牛顿的纪念碑

学。结果得到有条件的录取，需要毕业等第达到一等。他正好处于一等和二等的边界，于是跟牛津的面试老师说，如果他得到一等，就去剑桥；如果得到二等，就继续留在牛津。结果是霍金得到了一等。这种风格后来在霍金的演讲和与同行的打赌中经常表现出来。

20 岁的霍金虽然拿到一等毕业等第，来到剑桥大学应用数学与理论物理学系（Department of Applied Mathematics and Theoretical Physics, DAMTP），但是并没有如愿成为霍伊尔的学生，因为霍伊尔有太多学生，

又是大忙人，经常要去美国的天文台。霍金被分配给他没有听说过的夏默（Dennis Sciama）讲师。这是霍金的幸运。一方面，与霍伊尔相反，夏默总在学校，随时为学生提供各种帮助，让学生自由成长；另一方面的幸运是，当时稳恒态宇宙学和大爆炸宇宙学还没有分出胜负，前者认为宇宙一直存在，后者认为宇宙起源于一次大爆炸。霍伊尔正是稳恒态宇宙学的头面人物，在一次BBC广播节目中，他以讽刺的口吻为"大爆炸宇宙学"起了这个名字。而夏默对这两种理论没有偏好，对大爆炸宇宙学没有偏见。导师的这种态度显然是很重要的。霍金的这段经历值得年轻学生们参考。

1963年，在家乡圣奥尔本斯的一个新年晚会上，霍金认识了刚拿到伦敦大学韦斯特菲尔德学院录取通知的简·怀尔德（Jane Wilde）[2,3]。简以前曾见过霍金。几天后简收到霍金的邀请，那是他的21岁生日晚会。刚过完生日，霍金就被诊断出肌萎缩性脊髓侧索硬化症（Amyotrophic lateral sclerosis，ALS），这是一种严重的运动神经元症，又叫卢伽雷（Lou Gehrig）症，俗称渐冻症。霍金经历了一阵低沉，沉醉于瓦格纳的歌剧。后来他接受建议，回剑桥继续学业。他在火车站遇到简。两人逐渐相恋，这给了霍金支撑。

科学贡献

霍金的研究工作也逐渐有了起色。霍伊尔及其学生纳里卡（Jayant Narlikar）提出一个引力理论，用于稳恒态宇宙，霍金研究了这个理论的性质，发现它不适用于膨胀宇宙，这成为他的第一个研究工作。由此他找到了博士论文的主题：膨胀宇宙的性质。当时在伦敦伯贝克学院任教的彭罗斯（Roger Penrose）在很宽泛的条件下证明，引力塌缩中，普遍存在奇点，即密度与时空曲率无穷大的点，在这里广义相对论失效。霍金将此运用到宇宙膨胀中，证明宇宙膨胀开始于一个奇点。这成为霍金博士论文的另一部分。

1965年，大爆炸宇宙学基本上已经战胜稳恒态宇宙学，一个关键的依据是宇宙微波背景辐射。夏默和他的学生选择了大爆炸阵营，霍金因为没成为霍伊尔的学生而庆幸。夏天，霍金博士毕业，被录取为剑桥冈维尔与凯斯学院（Gonville and Caius College）的研究员。他从此一直是该学院的成员。那时这个学院的院长是物理学家莫特（Nevill Mott），不久后换成了中国科技史大师李约瑟[3]。剑桥大学既有若干系，又有与各系没有从属关系而且自治的31个学院，每个学生都属于一个学院，同一个学院的学生和研究员又可以属于不同的系。霍金研究生期间属于三一学堂（Trinity Hall）。学院有研究员职位，有的由学院提供薪水，在系里做研究，初级研究员相当于没有固定导师的博士后。7月，霍金与简结婚。他们后来有3个孩子，分别出生于

1967、1970 和 1979 年。笔者在剑桥工作期间，曾经去位于小圣玛丽巷的一位朋友家做客，得知那套住房正是霍金夫妇婚后长期居住的房子。

霍金在同行中逐渐有了名气。他与彭罗斯证明，在广义相对论描述的一大类弗里德曼宇宙学模型中，奇点不可避免，所以在经典理论中，宇宙大爆炸起源于奇点。弗里德曼宇宙学的基本假设是宇宙在大尺度上是均匀和各向同性的。

然后霍金转而研究黑洞。他提出原初黑洞的概念，即宇宙大爆炸早期产生了质子大小的黑洞，它不是恒星死亡塌缩形成的。1970 年，霍金又提出黑洞视界面积不减定理，也就是说，黑洞的视界面积不会减小。视界是指黑洞外的一个边界，在此之内，任何东西都不可能越过到此边界外。1972 年，霍金还证明了，爱因斯坦方程具有平滑视界的定态解必须是轴对称的。

1973 年，霍金与巴丁（James Bardeen）和卡特（Brandon Carter）提出黑洞动力学四定律，从四个方面表明黑洞视界面积与热力学熵的类似。黑洞第零定律是：定态黑洞的视界上的表面引力是一个常量。这类似于热力学第零定律：处于热平衡的物体的温度是一个常量。黑洞第一定律是：黑洞的能量变化等于表面引力乘以面积变化，再除以 8π，加上角速度乘以角动量变化，再加上静电势乘以电荷变化。这类似于热力学第一定律——表面引力类似于温度，面积类似于熵，即无序程度。黑洞第二定律就是黑洞视界面积不减定理。这类似于热力学第二定律：孤立系统的熵不会减小。黑洞第三定律是：表面引力不可能消失。这类似于热力学第三定律：绝对零度下，熵趋近于零。

霍金还与卡特、伊斯雷尔（Werner Israel）和鲁宾孙（David C. Robinson）在某些前提条件下证明了惠勒（John Wheeler）猜想的"黑洞无发定理"：黑洞只需要由质量、电荷和转动角动量描述。1973 年初，霍金与师兄弟埃利斯（George Ellis）合作出版专著《时空大尺度结构》。这些都是霍金对经典引力理论的杰出贡献。

在霍金提出的黑洞视界面积与熵的类似性基础之上，惠勒的研究生贝肯斯坦（Jacob Bekenstein）提出二者不只是类似，黑洞视界面积确实就是熵的量度，也就是说二者是正比关系。但是，如果黑洞有熵，就应该有温度，从而应该有辐射，但是光是不能逃出黑洞的，这就导致了矛盾。

1973 年，霍金天才地将量子力学用于黑洞这个经典广义相对论中的概念，证明了黑洞会辐射粒子，即所谓的霍金辐射（Hawking radiation），因此黑洞质量不断减小，会导致黑洞蒸发。这说明黑洞确实是有温度的，肯定了贝肯斯坦提出的黑洞面积与热力学熵不仅是类似而确实是正比关系，而且霍金给出了比例因子。这超越了经典引力理论，因为霍金本人前几年据此提出了黑洞视界面积不能减小。由此，霍金走上了量子力学与广义相对论的统一之路。

霍金辐射是霍金一生最大的科学成就，因为效应非常小，还不能得到实验证实，但是到20世纪70年代末就被科学界普遍接受。然而，霍金辐射使得信息丢失，与量子力学基本假设矛盾，这个所谓的黑洞信息丢失问题目前还是物理学家争论的一个热门话题，也曾经是霍金与同行打赌的内容。霍金声名鹊起，32岁时成为英国皇家学会会员，1979年又成为牛顿和量子力学创始人之一狄拉克（Paul Dirac）曾经担任过的剑桥大学卢卡逊(Lucasian)数学讲座教授。

提出霍金辐射所用的理论叫作弯曲时空的量子场论，其中物质是量子的，但是引力本身仍然是经典的。在此之后，霍金进一步向量子引力和量子宇宙学进军。量子引力是指引力本身的量子化，量子宇宙学基于用量子力学波函数描述早期宇宙。霍金等人研究了欧几里得量子引力，用虚时间取代时间，从而将时空从赝黎曼几何转变为黎曼几何。古斯（Alan Guth）等人提出宇宙暴胀理论后，霍金是研究"新暴胀"的人之一，这种暴胀不通过古斯最初提出的赝真空的隧穿发生，而是通过标量场势能降低而发生，并导致量子涨落，成为宇宙结构形成的种子。在量子宇宙学中，霍金与哈特尔（James Hartle）提出宇宙无边界条件，声称在普朗克时间阶段，宇宙时空没有边界，因此在宇宙大爆炸之前，没有时间的概念，所以"宇宙大爆炸之前"的问题没有意义。霍金一直到最近还在发表论文，比如2016年与佩里（Malcolm Perry）和施特罗明格（Andrew Strominger）提出所谓的"黑洞软发"[4]。

霍金的科学贡献超过很多诺贝尔奖得主。但是长期以来，他的理论研究工作还没有得到实验或者观测的证实，所以霍金一直没有获得诺贝尔奖。

但是其实不久之前，这个情况有所改变。2016年2月11日，美国的激光干涉引力波天文台（Laser Interferometer Gravitational-wave Observatory, LIGO）宣布，他们于2015年9月14日直接探测到引力波，这个引力波来自两个黑洞并合成为一个大黑洞。比较并合前后黑洞的总质量可以发现，大黑洞的质量平方大于原来两个黑洞的质量平方之和，而黑洞的视界面积正比于质量的平方，所以这就证实了黑洞并合前后，总视界面积没有减少。后来LIGO和位于意大利的引力波天文台VIRGO又探测到几次黑洞并合所产生的引力波，结果都与霍金的黑洞面积不减定理一致。因此，去年诺贝尔奖公布前，我曾经"预测"（其实是希望）霍金会分享2017年诺贝尔物理学奖[5]。

战胜疾病

广义地说，也许霍金一生最大的成就是，作为渐冻人，对物理学做出巨大的贡献，鼓舞了全世界人民！在他逝世时，他的家人的声明中强调了"他的勇气、坚持、优秀和幽默鼓舞了世界各地的人们"。[6]

霍金的一生是伟大的一生。1963年，霍金刚刚被诊断出渐冻症时，医生说他活不过两三年。但是在这之后，霍金获得了博士学位，当上了英国皇家学会会员，担任剑桥大学卢卡逊讲座教授，成为世界著名科学家。霍金以巨大的勇气克服了可怕的疾病，成为一位为人类做出巨大贡献的科学家。霍金在去年庆祝他75岁生日的研讨会上说（笔者译）：

"记住仰望星空，不要低头只管脚下。保持好奇心，无论生活似乎多么艰难，总有能够胜任的事。"[7]

霍金1985年在瑞士日内瓦期间患了肺炎。这其实与他访问中国有关，因为肺炎是由几个月前在中国期间所得的感冒发展而来。日内瓦的医生居然问简是否愿意让霍金脱离生命保障系统，简坚决反对。霍金乘坐直升机回到剑桥，做了气管切开手术，在声带下切了一个洞，所以彻底丧失说话功能，而且需要全天护理，但是手术成功。美国的沃尔兹（Walter Woltosz）给霍金提供了一个软件，可以从一个词库中选词造句并送到一个语音合成器中。照顾霍金的护士之一伊莱恩·梅森（Elaine Mason）的丈夫大卫·梅森（David Mason）将计算机和语音合成器装到霍金的轮椅上。霍金的语音交流系统后来也有过很多更新。1997年，英特尔（Intel）公司开始提供技术支持。

1977年，简开始参加一所教堂的唱诗班，与指挥琼斯（Jonathan Jones）成为朋友，琼斯经常到霍金家帮助做家务。1985年初，简向霍金承认与琼斯的关系超出了朋友，但希望维持家庭。后来霍金与伊莱恩关系密切起来，1990年离开家与她在一起生活，1995年与简离婚，并与伊莱恩结婚。简1997年与琼斯结婚。她后来说过："我仍然认为，除了我们的孩子，让霍金活着是我最大的成就。"2006年霍金与伊莱恩离婚后，恢复了与简的联系。

2002年，霍金再次访华。当时我在霍金所在的剑桥应用数学与理论物理学系工作。我的办公室在一楼，平时经常看到他上下班时经过我的窗前。有一阵没看到他，知道他正在访问中国。霍金在系里与其他人一样正常上班、出席报告会。别人报告之后他会用语音合成器提问。还记得有一次彭罗斯来做报告，会后茶歇时霍金也来了，彭罗斯向他招手示意。笔者也曾经帮助推过他的轮椅。

影响深远

众所周知，霍金也是一位著名的科普作家和传播者，他的《时间简史》是世界上最畅销的科普著作，后来他又写了另外几本科普书。尽管他最初写《时间简史》的目的很大程度是为了挣钱，以支撑巨大的开销。虽然有人说很多人只是买来放在书架上，笔者仔细逐字逐句读过英文原版，觉得写得很好。霍金的残疾与他所思考的浩瀚宇宙成为鲜明对比。蜷缩在带有语音发生器的轮椅上的霍金，谈论宇宙奥秘的合成声音，以及背后屏幕上的浩瀚宇宙，这已经成为一个众人熟悉的当代文化景观。霍金成为当代世界的一个科学偶像，在他所到之处，无数粉丝追捧。他也对国际上很多公共事务、对人类的未来表达自己的看法。

霍金的科学工作的主线很像一首交响乐的主旋律。黑洞和宇宙定下了基调，广义相对论与量子力学交织，产生各种变奏。而作为一个"无助"的渐冻人，他却能深入窥视宇宙的奥秘。这让我们深深感受到人在宇宙中的意义！

2002年，霍金在为他的60岁生日举办的研讨会上表示，希望将黑洞熵公式刻在他的墓碑上。霍金得到的霍金辐射温度反比于黑洞质量，系数由光速、万有引力常量和普朗克常量组成。可以由此得到黑洞熵公式：

$$S = \frac{kc^3}{4\hbar G} A,$$

表明黑洞熵正比于视界面积 A，系数除了 1/4 外，是玻尔兹曼常量 k 除以普朗克长度的平方，而普朗克长度由光速 c、万有引力常量 G 和普朗克常量 $\hbar$ 组成。黑洞熵公式统一了这三个基本常量。万有引力常量代表引力，普朗克常量代表量子效应，普朗克长度代表引力的量子效应。这让人联想到早期量子论发展期间，普朗克和爱因斯坦提出光量子能量正比于频率，正比系数是普朗克常量。我们还没有一个成功的量子引力理论，今天的各种量子引力理论也许将来不能存活下去，但是可以预见，霍金辐射温度公式和黑洞熵公式反而会存活下去，正如光量子能量公式在量子力学中仍然是正确的。所以很多年以后，霍金的名字仍然会被记住。几百年后的物理学家会如何评价霍金呢？

葬礼

剑桥大学分散在剑桥市区各处。三一路是市中心主要的路，也是一条古老狭窄的路。在三一路的西侧，从北向南有圣约翰学院、三一学院（Trinity College）和冈维尔与凯斯学院。冈维尔与凯斯学院的北边与三一学院隔着三一巷，南边与大学的评议会办公处隔一条小道，这条小道就叫评议会办公处道。授予学位仪式就在评议会办公处举行。评议会办公处前面的一小段几十米的路叫作评议会办公处斜坡，路东侧，也就是冈维尔与凯斯学院的斜对面，是剑桥大学的教堂，叫作大圣玛丽教堂（Great St Mary）。1205 年开始，这个地址上就有了教堂，1352 年以来叫目前这个名字，目前的建筑建于 1478 至 1519 年。在 1730 年评议会办公处建成之前，这个教堂还是大学的集会之处。沿着三一巷或者评议会办公处道向西走，可以到达三一学堂。再向西就是剑河。

霍金从成为剑桥大学研究生直到去世，在应用数学与理论物理学系做研究，有一段时间也属于天文研究所。在剑桥大学，每个学生又属于一个学院。霍金读研究生时是三一学堂的学生，博士毕业后直到去世是冈维尔与凯斯学院的成员。

3 月 31 日，当地时间下午两点，霍金的葬礼在大圣玛丽教堂举行。这是一个家人、朋友和同事参加的私人仪式，然后在三一学院有个私人招待会，可能这是因为这个教堂属于三一学院所有。

霍金的子女说，葬礼在剑桥举行是因为霍金在这里生活了五十多年，已经成为这个大学和城市的一部分，他深爱这个城市，而这个城市也爱他。他们还说，他们父亲的生活和工作给很多人留下了深刻的印象，既有信教的人也有不信教的人，因此葬礼将既有传统性也有包容性，反映了他的生命的广度和多元 [9]。

归葬西敏寺大教堂

霍金去世一周以后，英国伦敦的西敏寺大教堂宣布，今年晚些时候，霍金的骨灰将安葬在西敏寺（Westminster，又译威斯敏斯特）大教堂，靠近牛顿和达尔文的墓 [8]。

正如西敏寺大教堂的主教约翰·霍尔（John Hall）在声明中提到的，牛顿于 1727 年在这里安葬，达尔文于 1882 年葬在这里，在这里安葬的科学家中距现在最近的是 1937 年安葬的卢瑟福（Ernest Rutherford）和 1940 年安葬的约瑟夫·汤姆孙（Joseph Thomson）。

卢瑟福和汤姆孙生前也是剑桥大学教授，分别是原子核和电子的发现者，都是骨灰安葬，这是 20 世纪以来的惯例，因为地皮紧张。西敏寺也葬着热力学第二定律的提出者之一开尔文勋爵（Lord Kelvin），即威廉·汤姆孙（William Thomson）。斯托克斯（George Stokes）也曾担任剑桥大学卢卡逊讲座教授，在西敏寺大教堂有个头像。狄拉克从剑桥大学退休后，在美国佛罗里达州立大学任教授，1984 年去世后葬在当地塔拉哈西（Tallahassee），但是在西敏寺有个纪念碑。1995 年狄拉克的纪念碑揭幕时，正是霍金致辞。

可以预料，黑洞熵公式或者霍金辐射公式将刻在他在西敏寺教堂的墓碑上。

在西敏寺安葬或纪念的科学家

笔者查证了葬在西敏寺的科学家。

首先是物理学和生物学历史上的两位巨人：

- 牛顿，经典物理学奠基人；
- 达尔文，进化论创立者。

然后是几位近代伟大的科学家：

- 开尔文勋爵，即威廉·汤姆孙，热力学第二定律的提出者之一，也是19世纪经典物理学鼎盛时期的代表人物。
- 卢瑟福，原子核的发现者；
- 约瑟夫·约翰·汤姆孙，电子的发现者。

葬在西敏寺的科学家还有：

- 莱尔，地质均变论的提出者；
- 约翰·赫谢耳，英国天文学会主席，对照相术做过重要贡献。

笔者查证，西敏寺大教堂还有以下科学家的某种形式的纪念碑，虽然他们没有葬在西敏寺：

- 胡克，弹性的胡克定律的提出者、牛顿的竞争者；
- 斯蒂芬·海尔斯，首次测量血压；
- 威廉·赫谢耳，发现了天王星及其两颗卫星以及土星的两颗卫星，约翰·赫谢耳的父亲；
- 汉弗莱·戴维，首次分离钾钠等元素；
- 托马斯·杨，波动光学的代表人物之一；
- 格林，数学和物理学中格林函数的提出者；
- 法拉第，电磁感应的发现者、电磁场概念的先驱；
- 麦克斯韦，经典电磁学的集大成者、电磁场和电磁波概念的确立者；
- 约瑟夫·道尔顿·胡克，植物学家、旅行家；
- 焦耳，能量守恒定律的发现者之一；
- 亚当斯，海王星的预言者；
- 斯托克斯，数学上斯托克斯定理提出者、流体力学的纳维−斯托克斯方程的提出者之一；

- 华莱士，独立提出进化论；
- 威廉·拉姆赛，因惰性气体研究获 1904 年诺贝尔化学奖；
- 约翰·威廉·斯特拉特，瑞利勋爵，因与 William Ramsay 合作发现氩而获 1904 年诺贝尔物理学奖；
- 霍华德·弗洛里，青霉素的发明者之一，1945 年诺贝尔生理学或医学奖获得者；
- 狄拉克，量子力学的建立者之一，量子电动力学的创立者，正电子的预言者。

牛顿、达尔文和开尔文的葬礼

最后我们回顾一下牛顿、达尔文和开尔文勋爵的葬礼情况。

1727 年 3 月 20 日，牛顿在伦敦去世。3 月 28 日，他在葬礼在西敏寺举行。英国大法官和几位公爵、伯爵护灵，大多数皇家学会会员跟在灵柩后面。法国作家伏尔泰也参加了，对科学家得到国王式的荣誉感到惊奇。牛顿的墓上用拉丁文刻着："这里躺着艾萨克·牛顿这个人"。

1882 年 4 月 19 日，达尔文在他在达温的家中去世。本来是准备葬在当地的圣玛丽教堂墓地。但是在达尔文的同事的请求下，经过公众和议会的请愿，皇家学会主席安排他葬在西敏寺。达尔文的墓靠近牛顿和约翰·赫谢耳的墓。4 月 26 日举行了达尔文的葬礼，亲友、科学家、哲学家和重要人物参加。达尔文的墓上刻着："查尔斯·罗伯特·达尔文生于 1809 年 2 月 12 日逝世于 1882 年 4 月 19 日"。

1907 年 12 月 17 日，开尔文勋爵在内斯霍尔去世。皇家学会问西敏寺的主教能否将开尔文葬在西敏寺，得到同意。人们在开尔文生前所在的格拉斯哥大学举行了一个纪念仪式，然后将灵柩用火车运到伦敦。12 月 23 日，在西敏寺大教堂举行了隆重的葬礼，将他的灵柩安葬在牛顿墓的南边。墓碑上写着："威廉·汤姆孙　开尔文勋爵　1824—1907"。

参考文献

[1] Hawking S W. A brief history of time. Toronto: Bantam Books, 1988.

[2] Larsen K. Stephen Hawking: a biography. Amherst: Prometheus Books, 2007.（本文若干信息通过此书核实，不再一一注明。）

[3] Hawking J. Travelling to infinity: my life with Stephen. London: Alma Books, 2007.

[4] Hawking S W, Perry M J, Strominger A. Soft hair on black holes. Physical review letters, 2016, 116(23): 231301.

[5] 施郁. 引力波猎手. 科学文化评论, 2018, 15(1): 109−117.

[6] BBC News. Stephen Hawking: Visionary physicist dies aged 76. BBC News. 2018-3-14.

[7] Lumby T. How Stephen Hawking left audience in tears at 75th birthday celebration. Cambridge News. 2017-7-2.

[8] Press Association. Stephen Hawking's ashes to be buried near Newton at Westminster Abbey. The Guardian. 2018-3-20.

[9] McMenemy R. Stephen Hawking's funeral will be a private service. Cambridge News. 2018-3-26.

"人去留影"
——我所见到的不一样的霍金教授

党 颖

> 党颖，浙江大学发展联络办副主任，浙江大学教育基金会副秘书长，浙江大学校友总会副秘书长。

2018年3月14日和往常一样是个忙碌的日子。不同的是，一早我需要去浦东机场坐东航的班机赴巴黎开始为期一周的欧洲出差，航班是12：40起飞的，12：10左右，我已经坐在自己座位上等待了，习惯性地取出手机，利用关机前的时间浏览一下微信，突然，一则短讯牢牢吸引住我的眼球：霍金去世！心中颤动，不由翻看着朋友圈中的信息，消息是真的，一代伟人真的就那么走了……闭上眼睛，2002年那个夏天所经历的一幕幕清晰地回映在脑海之中。

2002年6月，从波士顿回国才一年的我在浙江大学竺可桢学院做个小小的教学秘书，那天，科长陈灵犀老师给我一个任务：找一位英语、形象俱佳的女同学，带到校办王立人主任处，做好接待一位重要人物的准备。女生找好了，是2000级文科班的，也是一位Melton Fellow，完全符合领导的要求。于是我带着学生来到王主任办公室，交谈中得知要接待的是一位叫霍金的残疾物理学家，有些为难的是那位同学7月要出国交流，霍金教授8月来访，时间有些紧，不过没关系，竺院优秀学生多，我可以再找一两位同学。没想到第二天，陈老师居然告诉我，说是王主任找了她，更希望我能够接下这个任务，当时我一下子懵了，觉得自己英文不够好，也从来没有过接待大人物的经验，要是做砸了可怎么办？先生说了一句话让我鼓足了勇气："如果你不做将来一定会后悔的！"就这样我接下了这个任务，也不知道要准备些什么，记得只在网上查找了一些霍金教授的资料，因为不是业内之人，也只是知道是位身残志不残的著名教授，忐忑不安中迎来了8月。

说来也奇怪，那年的8月，以炎热著称的杭城却是难得凉快，9日是个阴天，一大早我们一队人在王主任带领下来到上海浦东机场，飞机抵达后所有的人都涌到了前面，我只看到人群簇拥着一位在轮椅中的人缓缓前行，在人群后面一点有一位身材高大的白人女子独自行走着，我想这一定是霍金一行了,于是上前去打招呼,并自我介绍我将是他们一行在杭州这一周的"全陪"翻译,没想到女子抓住我的手,带着我急走几步,来到霍金教授面前,原来,她居然是霍金夫人 Elaine,第一次近距离清晰地与这位大名鼎鼎的教授对视,他瘦削的身体歪斜地蜷缩在轮椅之中显得如此虚弱,但蓝色的眼睛又是那么清澈与友好,"Hello",这是他对我"说"的第一句话。从浦东回杭州的一路小心翼翼但非常顺畅。来到香格里拉酒店,门口已聚集了很多媒体记者。我们一行从偏门进入后很快办好了手续,给霍金教授安排的是一个湖景套间,他们一行六人(霍金教授、霍金夫人、助理 Neel、3 个护士)和我来到房间,几分钟之内,其余的五个人很快全部消失了,他们都娴熟地到里间去布置准备,这时,偌大客厅中只剩下我和在房间中央轮椅中的霍金教授,我突然有些害怕,望着明显疲惫、脖子上还有个红色洞的教授不知道说什么,于是,丢下一句"我进去看看里面怎么样了……"就跑了进去,现在想来十分惭愧。

按照原来的计划,霍金在杭州停留整整一周,当时安排的活动只有两场:参加国际数学家大会弦理论卫星会议开幕式和在浙大做一场公开演讲。但因为他的影响力,加上浙江大学能够请到这位世界级大人物实在是太难得,王主任希望我能够在他身体允许的情况下,尽量能让他多参加一些活动,让浙大、让杭州更多地了解这位大师。于是,在王主任的指导下,我每天尽心尽责地与一行六人全方位沟通,在首先保证霍金教授活动的前提下,尽量为其余五人安排了所有他们感兴趣、想尝试的各种稀奇古怪的活动,包括陪霍金夫人去了河坊街做旗袍、喝茶,到中山北路逛小店,买竹扫帚;陪 Neel 去找他想吃的乌龟蛇汤;带护士们去吴山路夜市买箱包等,就这样,真实的充满人情味的杭州在他们面前慢慢展开,霍金教授在这个城市的行程也变得越来越丰富了。

记得第二天晚上是大会的正式宴请,餐后是学校安排的演出,当时学校还没有文琴艺术团等学生演出团队,当晚表演的是《黄河大合唱》。当女声独唱《黄河谣》唱起时,我轻声向 Elaine 介绍了这首歌的创作背景,她听后要和我换位置,请我讲给教授听,于是,我在霍金教授耳边又复述了一遍,曲终时夫人轻触了我的手臂并用手指在自己眼皮下划了一下,示意我注意教授,天哪!我居然看到了霍金教授脸上挂着泪水,我相信他绝对听不懂歌词内容,但是音乐,是相通的,音乐深深打动了这位至情之人的心。看完表演回到酒店已是晚上 10 点后了,在告别之前,王主任与夫人助理等在商量着第二天的活动,第二天早上是会议的开幕式,会前是大会合影,一早就要集合,因为霍金教授的身体状况,加上今晚活动他一定很累了,我们建议明天他能赶上正式会议开始就可以了,正在这时,突然冒出来一个声音:I must in the photo! 一下子我们都错愕了,声音是从教授轮椅上的电脑中发出的,原来他一直在旁边听着我们的对话,并坚定清晰地表达了自己的想法:他必须在照片之中!

因为有了之前带着 Elaine 在河坊街一带游览的愉快经历,我接到了一个让我头皮发麻的请求:她希望霍金教授也能去河坊街看看,也要去我们吃饭的小饭店"钱塘人家"吃一顿饭!马上向王主任汇报后,时任校办副主任的陆国光老师便带上我先去河坊街踏点,事先详细走访几个可能要去的地点、设计路线,并联络安保、街道,等等。我做好一切预案,甚至请了香格里拉酒店大厨带着黄油(他不能吃其他油脂)到小饭店准备,于是就有了那次在杭州非常轰动的"霍金河坊街之游"。

我与参与接待的另外三位竺可桢学院学生与霍金夫妇合影

为霍金女儿露西试衣

霍金教授在杭州的一周除了上文提到的最早安排的两场公开活动、浙大的文艺演出、河坊街之游外，在王主任的直接指挥及我与他们的慢慢沟通引导下，又增加了西湖游览、柴松岳省长会见、与杭州二中等学校的中学生见面、王国平市长会见等，甚至还有 Elaine 要求的给霍金教授安排的一个按摩师的服务。记得那天傍晚，当我按时带着预约好的按摩师进到霍金教授房间时，见到 Elaine 我不由眼前一亮。那天她穿了一条颜色淡雅的无袖连衣裙，外面是一件白色轻纱绣小朵红色玫瑰花的外衣，显得十分柔美优雅。看到我的眼光，Elaine 有点羞涩地对我说：今晚是个特别的日子，是他和我的。尽管我当时、现在直至今后都不可能知道那是个什么日子，但是那时她说话的表情我却是记得清清楚楚。按摩时间一小时不到，香格里拉的按摩师动作娴熟，重点按摩的是教授腿部和两脚，由于长期坐在轮椅上，教授脚是浮肿的，按摩师仔细地告诉我们应该如何护理他的腿和脚，包括哪些穴位要重点多按，Elaine 非常认真地听着，并在一个笔记本上做着记录，结束后我们离开了，霍金夫妇开始了只属于他们两人的晚上。

2002 年 8 月霍金教授在杭州的一周在全市掀起了一股"霍旋风"和科普热，我也第一次见识了媒体的无孔不入，好在那时网络还不是很发达，手机还很少见，拍照都需要胶卷。所以除了一些公开活动外，他们还能保持着一定的私密性，这也为他们的杭州之行增添了许多的乐趣，我也只需要把媒体的请求推给"请和浙大新闻办联系"而避开许许多多的追踪，当然为此那时还得罪了一位在媒体工作的同学。

霍金教授离开前，Elaine 和我谈，希望我能够陪他们一起去下一站北京，当时我陪同他们在香格里拉酒店住了整整一周，在这七天里精神高度紧张，体重减了 10 斤，在杭州我是为浙大工作，背后有着学校的强大支撑，到了北京，我也是人生地不熟，加上一周没有能和先生幼子一起，所以就婉拒了。之后在报纸和电视上也看到了一些他们在北京的活动，9 月的一天，我居然收到了 Elaine 从剑桥寄来的亲笔信："We had a wonderful time in Hangzhou,—Beijing was a bit of shock!"，可能，没有一个城市能够像杭州那样热情中带着宽厚，狂热中仍有发自内心的礼貌吧。

时间就这样慢慢过去，没想到第二年的冬天，因为汤永谦学长设立的"卓越人才计划"，我居然有机会带着 25 个竺可桢学院的学生去英国利兹大学交流三周，手续办好后，我给 Elaine 写了一封信，告知并表达了想带着学生去剑桥拜访霍金教授的愿望。当时打越洋电话很不方便，所以到了利兹后，我才给她打电话，她正在去利物浦的火车上，但听闻后欣然应允，并约定了见面的时间。当我们告诉利兹大学校方第三周周末我们将安排去伦敦和剑桥，并要去拜访霍金教授的消息后，接待我们的副校长和外办老师惊呆了：在英国，要预约见一个有点名气的人一般需要半年时间，何况是霍金这样一个名

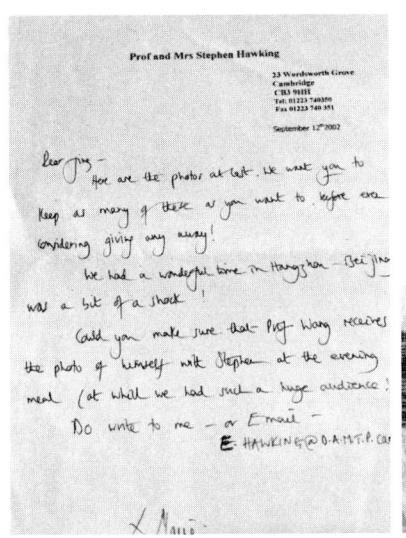

霍金夫人来信

人，怎么可能仅仅提前两周就约好了？学校希望我们能把照片留一份给他们，他们要作为利兹大学对外交流活动的资料保存下来。

就这样，我和外事处胡政明老师带着25位幸运的同学于2003年2月的一天，来到心目中的圣地剑桥大学。我和Elaine约好了在家里见面，同学们先到校园参观，之后我们与同学汇合，她带我们一起参观校园，并在下午3点到数学中心与霍金教授见面，在那里，他将安排一小时与我们见面。

霍金教授家在剑桥镇一个僻静的角落，不起眼的两层小楼掩映在高大的树木下，教授不在家，Elaine热情地接待了我，并带我参观。因为不好意思在人家家里到处拍照，所以我只是看着，现在想来印象最深的是两个地方：一个是小书房，房间不大，但是看到的是整面墙，全部整整齐齐放着各式各样的唱片和CD，教授热爱音乐，这些都是他的收藏；另外一个地方是进门处的玄关，那里有一副似曾熟悉的"画"，走近一看，居然是浙江大学送给教授的由他的照片和西湖合成的织锦画，Elaine笑眯眯告诉我：这让我们时时想起在杭州的美好日子！正在讨论下午行程的时候，霍金教授回来了，简单寒暄之后，Elaine主动提出：我们合个影吧！就这样我有了两张与他们夫妇在家中的珍贵合影。临走时，夫人送我一张教授的最新照片，是坐在轮椅中的，背景墙上是巨幅玛丽莲·梦露的照片，"这可是他的最爱"，夫人大笑地对我说，这时教授咧开嘴，脸上露出了如孩童般害羞的笑容。

和学生约定的时间还有一会儿，Elaine问我想去哪里？作为一个第一次来到剑桥的中国人，我相信大家都会如我一样选择去看看徐志摩诗中的康桥！在Elaine陪同下，我来到心中仰慕已久的康桥，见到了那柔波和有着长篙的小船……，途中遇到了不少我们的同学。人聚齐后，Elaine联系了霍金教

纪念斯蒂芬·霍金（1942年1月8日——2018年3月14日）

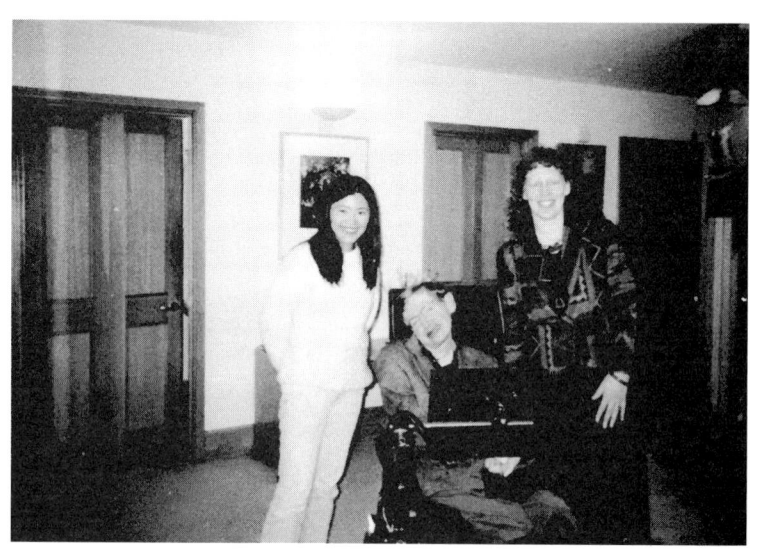

与霍金夫妇在剑桥他家中的合影

授所在的冈维尔与凯斯学院（Gonville and Caius College）的管家，由他亲自带领我们参观了学院内部只为学生和教师开放的教室、教授会客室，还有那在电影《哈利波特》中出现的有着长长厚实桌子与椅子的饭厅。

　　Elaine 还特意安排我们去了霍金教授在学院的办公室，让我吃惊的是，这间办公室墙上居然有一幅中文书法"人去留影"，原来这间办公室的前任主人竟是大名鼎鼎的与浙大渊源颇深的李约瑟（Joseph Needham）教授。字是他的中国籍夫人写的，霍金教授搬入时，有人建议他把字去掉，但是他不同意，还让夫人在旁边贴上讲述李约瑟夫妇故事的简报。"应该告诉人们题字的来历和他们的故事，他们不应该被忘却。"这就是霍金教授的回答。

　　终于我们在霍金教授所在的数学中心办公室中见到被缓缓推入的教授，激动的同学们报以热烈掌声与问候，由于霍金教授仅能靠左手两根手指操纵轮椅上的电脑合成语音，简单的问答对他来说却是一件不简单的事。一个小时的会面，他仅仅"说"了10句话，最后一句"I have to go, it's good to meet you"用了近四分钟才说出，就是这样，教授在临走的时候示意夫人告诉我们：因为数学中心离我们要去的火车站有一定的距离，他已经请人帮我们叫好了出租车！这样的一位大师，不仅在百忙之中接见了这群来自遥远东方的普通学生，还居然连出租车这样的小事都为我们考虑周全，在场的所有人都被深深感动了！

　　我与这位大师的最后一次见面就这样结束了，之后在网上也看到了 Elaine 与他离婚的消息，网上也有不少传闻，我一直是不信的，因为在杭州日日陪伴的七天中，她时时流露对教授的关心与爱意，包括她自己做旗袍的时候不忘要给教授的女儿露西也定做一件，给教授定做真丝睡衣，仔细交代：

剑桥霍金办公室李约瑟夫人的题字

Stephen 脖子上因为肺炎切开一个口子，所以睡衣不能有领子……入住酒店之初与厨师长的见面交谈，要我为教授请按摩师服务，等等。

今天正好是霍金教授去世一个月，一个月前就答应了当初邀请他来杭州的丘成桐先生，写一篇纪念文章，但一直为琐事所累，无法静心回忆。今天，终于下决心坐下来，翻开尘封的记忆。人出生在这个世界，也终会离开这个世界，离开的时候是否应该留下些什么？李约瑟夫人选择了"人去留影"，我相信，霍金教授，他的离去，一定是为这个世界，也为这个世界上的许多人留下了很深很深的影子。

哈佛物理学家纪念霍金

Amy L. Jia，Sanjana L. Narayanan

译者：赵 伟

> Amy L. Jia 和 Sanjana L. Narayanan，哈佛学生校报 *Crimson* 记者。

2018年3月20日（星期二），哈佛大学黑洞原创研究中心的教师和研究人员齐聚一堂举行纪念活动，追忆英国著名理论物理学家和宇宙学家斯蒂芬·霍金的生平与工作。

霍金于2018年3月14日辞世，享年76岁，他曾预言黑洞并不完全"黑"而是向外发出辐射，且对量子力学和爱因斯坦的广义相对论的统一做出了突破性的工作，因此享负盛名。霍金在21岁时患上肌萎缩性侧索硬化症（一种罕见的运动神经元疾病），医生诊断他只能再活两年。随着病情的恶化，霍金的身体逐渐瘫痪，然而与医生诊断不同的是，霍金又继续了数十年的科学研究。

马尔科姆·佩里（Malcolm J. Perry）是剑桥大学的数学和理论物理学教授，也是霍金早年的研究生，他是本次纪念活动的特邀演讲嘉宾。佩里分享了他与霍金和哈佛大学物理学教授安德鲁·施特罗明格共同的工作经历，他们提出了一个理论，用以描述信息落入黑洞后的行为。

佩里从霍金在牛津大学的本科学习开始，详细介绍了霍金的研究生涯。雄心勃勃的霍金向他的指导老师发出最后通牒：若授予他一级学位，他将去剑桥大学读研究生；若是二级学位，他将会留在牛津。这显然令他的老师们感到烦恼。佩里说道："他们授予了他一级学位，从而造就了他们所犯过的最大错误。"观众席上传来了阵阵笑声。

在有关霍金生前拍摄的照片前，在牛津划船俱乐部以及他与宇航员在失重飞机上的合影也在其中，佩里分享了霍金职业生涯中一系列有趣的轶事。佩里说："虽然他是一位伟大的科学大使，但是他也渴望尝试其他事物而得以充实人生。虽然患有运动神经元疾病，但这丝毫不能阻止他做其他事情的决心。"

施特罗明格（Andrew Strominger，哈佛大学自然基本规律研究中心主任——译注）特别强调霍金在合作期间对他工作的承诺。他指出："他最突出的特点是对物理学的满腔热情，恰好我对这一主题也相当有兴趣；当你与某人分享某一热情时，思想的火花得以碰撞而产生联系。"他继而补充道："在研究的探索之旅中，有合作伙伴理解你的想法是一件乐事；当然我和其他人也分享过此类经历，但和斯蒂芬合作是一种令人愉悦的体验。"

天文系和黑洞原创研究中心主任亚伯拉罕·阿维·勒布（Abraham Avi Loeb）在本次纪念活动中发表了讲话，他高度评价了霍金留给科学和世人的精神遗产。勒布在接受采访时说："他以两种方式展示了心智较于物质的优越性。一方面，他能够克服身体残疾，能够在最深的层面上理解自然界的奥秘。另一方面，就日常生活而言，他尽所能忽视身体上的不便。这非常了不起。"

勒布说他第一次遇到霍金是在三十年前，当时自己还在以色列希伯来大学读研究生。许多年后，在伦敦皇家学会举办的一次活动中他与霍金再次相遇，他邀请霍金来参加黑洞原创研究中心的揭幕式。

据勒布所说，霍金在访问哈佛大学期间，尽管他已身负盛名，但却"从未以名人自居"。勒布说："霍金确实是一个非常坦诚的人，满怀诚恳之心，与每一个人都能谦虚地交谈。例如在活动之后，他会和看护人说：'我们还有一些时间，为什么不去酒店的酒吧喝点儿饮料？'"

施特罗明格同样也回忆了霍金鲜活的人格魅力。他说："霍金非常调皮，非常有趣，他喜欢给人以惊喜，让人不安，总是随心所欲地做事情。"

勒布认为，尽管霍金身体残疾，但他的工作反映了他对生活的极大热忱。勒布说："黑洞能捕获一切，原则上任何事物都无法从黑洞中逃逸。但事实上，霍金发现光线可以从黑洞中逃逸并导致黑洞蒸发。所以黑洞这个终极监狱并不是真正的监狱。"

编者按：原文为 Sciences Faculty Remember Stephen Hawking; By AMY L. JIA and SANJANA L. NARAYANAN; The Harvard Crimson, March 21, 2018.

哈佛毕业典礼上救霍金

David H. Abramson

译者：王善平

> David H. Abramson，哈佛大学 1965 届医学博士，Memorial Sloan Kettering 癌症中心眼科肿瘤部主任，Weill-Cornell 医学院眼科教授。

　　这是哈佛大学的传统，决不会事先宣布谁将在毕业典礼上被授予荣誉学位；而哈佛的另一个传统是，返校校友的召集人会有幸被指派这样的工作：在毕业典礼那一天上午的学位授予仪式结束后，他们要陪同荣誉学位获得者办理签到手续，共进午餐，参观校园，并最后参加毕业典礼的下午仪式活动。我在担任学院 1965 届校友第一召集人的第 25 个年头，被要求在 1990 年的毕业典礼上承担这项任务，我愉快地答应了。一开始并没有人告诉我，我将陪同哪一位荣誉学位获得者，直到毕业典礼那一天来到学校，才得知，此人就是理论物理学家斯蒂芬·霍金；另外两位荣誉学位获得者是赫尔穆特·科尔（Helmut Kohl，当时的德国总理——译注）和艾拉·费兹洁拉（Ella Fitzgerald，美国著名爵士乐歌手——译注）。毕业典礼的策划者把我和霍金配在一起，也许因为我是一名医生/科学工作者，他们认为我与霍金会比与另外两人更谈得来。结果表明，这是一个救命的安排！

　　典礼策划者给了我一份关于霍金情况介绍的三孔活页夹文件，要我看一下以更好地了解他。我还被告知，在校园内设立了两个小型救护站，里面有以备"需要"的医疗设备。

　　以备"需要"？为何需要？我在想。我很快记住了这两个救护站的位置地点。

　　我穿上规定的服装：礼服、背心、白领带和高顶黑丝质礼帽。我还拿到一根红白相间的指挥棒——16 英寸长的木棍，在毕业典礼的那一天，班干部拿着它挥舞并指挥交通。我在 25 年前自己的毕业典礼上也曾拿过一根指挥棒，它对于我来说有特别的纪念意义。

　　霍金刚出版了他的第一本书《时间简史》，并在前天晚上从加利福尼亚（在那里他与斯蒂芬·斯皮尔伯格（Steven Spielberg）见了面，讨论拍摄一

手拿指挥棒的阿伯拉姆森医生（Dr. Abramson）与霍金博士在 1990 年哈佛大学毕业典礼上

部基于那本新书的电影）飞来波士顿。我被告知，他的呼吸控制设备——他在几年前做过气管切开手术——的电池电量已不多。我记住了这个情况。

在通过了政府特勤局用金属探测器的检测（因为科尔——即将重新统一的德国的总理——也将前来签到和用午餐）之后，我被介绍给霍金。我叫他霍金博士，他叫我阿伯拉姆森医生。他不能说话，但可以通过一个仅用一根手指操作的声音合成装置进行交谈。他首先为自己的"声音"——它带有美国中西部的口音——道歉。我当时想，他希望我能听到他的真实声音——但我随后得知，这只是他为了克服疾病而生存所不得不付出的许多代价之一。然后，我们继续后面的程序。

我的第一项任务是，帮助他在一个很大的、皮面精装的文册上签名，该文册上已经有许多从前的哈佛荣誉学位获得者的签名。霍金对此早有准备，他的助手拿出一个印泥盒（很旧，而且没有盖严，里面的印泥已快干了），好让他在文册上留下指印。哈佛方面看来知道霍金需要这样的印泥盒，也为他准备了一个。在人们帮他清除手指上的印泥时，霍金看了我一眼；我理解他当时的想法，就让他的人拿走新印泥盒，而把旧印泥盒留给哈佛。完成印泥盒的交换后，他坐轮椅离开，并对我说："谢谢！现在叫我斯蒂芬吧。"于是我开始叫他斯蒂芬，而他仍然叫我阿伯拉姆森医生。

签到程序约花了 25 分钟，我在想如何开始交谈。作为开场，我提到最近读了他的那本书，并告诉他，我在本科时学过物理学，包括相对论和量子力学，所以能读懂大部分（但不是全部）他所写的内容。我问他为什么要写这样一本关于宇宙起源和相对论的书而不用数学公式——书中只有一个公式 $E=mc^2$——并猜测他这样做是为了世界和平或让地球上所有的人都了解他们共同的起源。为了回答我的问题，他必须用一根手指打出字母、拼成单词、组成句子并输入声音合成器的电脑中，虽然他的头脑反应很快，但他的"声音"却不是。最后出来的回答是，"我需要钱，"然后又加了一句，"写书还能为什么呢？"他接着解释道：他的肌萎缩性脊髓侧索硬化症（ALS）病情在加重，需要得到更多的护理；他向英国国民医疗保健服务部门（British National Health Service）提出 24/7（每周 7 天，每天 24 小时）护理的申请；但得到的回复是，只能提供 24/5 的护理。他需要为一周中另外两天的护理买单，否则的话，他说，"我只能正好活 5 天，然后死了。"关于世界和平的话题就聊到这里。

我尝试聊另外的话题。我说，我曾经两次使用朋友的高倍望远镜在夜晚观察天空；我能分辨一些行星和熟知的星座，但看不出别的什么。我问他是否用望远镜观察过天空，并猜测正是这样的经历让他去研究时间的历史或刺激他去思考黑洞和时空扭曲。我想象他在小时候的某个晚上，坐在树下，被所看到的星空惊得目瞪口呆。他回答说，他确实曾（只有一次）用望远镜观察过天空，但只是看到许多白点，于他没有任何意义。他说，他再也不需要用望远镜来观察它们。对于他来说，太阳系的起源和时空悖论都只是数学难题，它们需要通过数学公式而不是通过凝望星空来思考。

到了午餐时间，赫尔穆特·科尔、艾拉·费兹洁拉和陪同他们的校友召集人都坐到我们这一桌。斯蒂芬坐在我的左边，科尔坐在我的右边。按照惯例，每位荣誉学位获得者都要站起来，向听众讲话。艾拉·费兹洁拉唱起了歌，斯蒂芬转动他的轮椅，以便脸朝向她，并对我说，她一直是他所喜欢的歌手，而现在是他访问哈佛到目前为止最让他开心的时刻。科尔也站起来要讲话。斯蒂芬的脸没有朝着他，我就问他，是否需要我转动轮椅以便让他脸对着科尔。他脱口而出："我为什么要听那个人讲话？"每个人（包括科尔）都听到了这句话。我记起那份三孔活页夹文件上的一段话："霍金博士对一些事持有强烈的感情，并经常表达出来。"

我们离开餐厅，在哈佛校园中漫步，然后走到欢迎人群的区域——在这里，大学生、研究生、教工和家属们可以在下午的正式仪式开始前，"欢迎并见到"荣誉学位获得者们。我站在斯蒂芬的背后，面前有数百人走过。我原本以为，这会是他的美妙时光。但实际上并非如此。确实有几位研究生走上来，问了一些具体的科学问题，并在他努力作答时，都等在那里。而大多数人过来提一个问题，然后见他不能很快回答——这是做不到的（他需要 20 秒时间来给出回答）——就直接走开了。我感到尴尬。而让我震惊的是，有几个人走过来，用手指着他说："这个人长相真怪！"他有着世界上最伟大的头脑,是千百万人的导师,是人类力量和尊严的象征;而他们只看到一个"长相真怪的人"!我们随后加入正式的队伍行列,走上举行仪式活动的主席台,这时我才感到松了口气。

这天下午的仪式活动时间很长,天气也非常热。为了节省电池,斯蒂芬把他的声音合成器关了,因为他知道,自己在几个小时内用不着"讲话"。我坐在他的后面,调整姿势以方便观察他的呼吸情况。仪式大约进行了 20 分钟(被电视直播),我注意到他的胸部不再起伏,脸也迅速变色。虽然我不能通过望远镜分辨夜空中那些白色星点,但我从医学的角度准确地知道发生了什么事。斯蒂芬既不能动也不能"讲话",而且由于声音合成器关了,他甚至不能发出信息表示自己陷入麻烦。我心中立即闪过一条大字标题——"斯蒂芬·霍金在哈佛毕业典礼上逝世"——但我的医学训练本能地促使我迅速反应。我站起来,抓起他的轮椅,把他转过来,推着他在那些达官贵人面前掠过,直下主席台(台边为他建造了一个坡道)。他的护士紧跟着我。

我记起,哈佛工作人员在附近的一间屋子里放了一些医疗设备,于是就推着他直奔那里……却发现那屋子也成了特勤局的临时指挥所。我马上领悟到,在特勤局指挥所内不能全速奔跑。有那么几秒钟,我觉得特勤局的人认为我是一名发了疯的恐怖分子,我看到了武器,但他们立刻明白发生了什么事情。他的护士和我发现,他那动过手术的气管被堵住了,导致他不能呼吸。幸亏有放在屋里的那些医疗设备,我们得以让他能再度呼吸。否则的话,他会死。

我们把他推回主席台(仪式活动还没有结束——除了我的妻子,似乎没人感觉到发生了什么不对劲的事)。仪式活动结束后,我护送他上了他的面包车,然后向他道别……我目送着面包车驶离,长长舒了口气。我开始往回走向校园,却听到面包车尖锐的刹车声。他的一名助手跳下车,朝我奔来。我想到了最坏的事情。也许大字标题会是"斯蒂芬·霍金在哈佛毕业典礼后即去世"。

那个助手说,斯蒂芬请我把我的"指挥棒"给他,他想要在棒上留下他的指印,以感谢我救了他的命。我把指挥棒给了那个助手,过了几分钟他又带着指挥棒走来,棒上有指印。他说,斯蒂芬让他转告我道:他"用的是新印泥"。而那助手说,他不知道这句话是什么意思。

我笑了,穿过哈佛校园……骄傲地挥舞着指挥棒——用手只拿住棒的一端,以避免碰到那个指印。

编者按:原文题名 Saving Stephen Hawking; by DAVID H. ABRAMSON;载于 Harvard Magazine, 2018-05-09 (https://www.harvardmagazine.com/2018/05/saving-stephen-hawking)。承蒙作者授权。

霍金在中国的通俗演讲和文章

膜的新奇世界

Stephen Hawking

译者：戴　束，朱重远

校订：凌　意，朱传界

> 斯蒂芬·霍金（Stephen Hawking，1942—2018），英国著名物理学家与宇宙学家，英国皇家学会会员（1974年，是当时最年轻的会员）美国科学院外籍院士（1992年），1979年至2009年任剑桥大学卢卡斯数学教授，逝世前任剑桥大学理论宇宙学中心研究主任。

你们能听到吗？

在今天的演讲中，我将描述一个可能改变我们关于宇宙与实在本身的观念的激动人心的最新进展。这一进展的思想是：我们或许是生活在一个更大的空间中的一个膜或者一个曲面上！膜，这个字在英语中拼写成 B，R，A，N，E，是我的同事 Paul Townsend（保罗·汤森德）引入的，用来描述日常意义下二维膜的高维推广。"大脑"（BRAIN）和膜的英文读音相同，这一双关语也许有相当的耐人寻味之处。

我们确信自己生存在一个三维空间中。即，我们可以借助三个数字来刻画房间里一个物体的位置。这三个数字可以是离北墙5英尺，离东墙3英尺，高于地板2英尺。或者在更大的尺度上，可被取作纬度、经度和海拔。在更大的尺度上，星系中一颗恒星的位置可以用星系纬度、星系经度和到星系中心的距离这三个数字来标记。除了标记位置的三个数字，我们能加入标记时间的第四个数字。于是，我们可以宣称自己生活在一个四维时空中，其中每个事件以四个数字标记，三个数字表示事件的位置，第四个数字表示发生的时刻。正是爱因斯坦的天才，认识到时空并非平坦而是被其中的物质和能量弯曲的。

根据广义相对论，行星之类的物体总是试图沿着直线穿越时空，然而时空是弯曲的，于是行星的轨迹看似被引力场所弯曲了。打个比方，取一重物代表恒星，把此重物置于一块橡皮膜上。此物的重量会把橡皮膜压下去，从而使橡皮膜在重物近旁弯曲。如果你此刻在橡皮膜上负载小球，并让小球滚动，此图景就好像行星绕恒星做轨道运动。

利用设置在船只、飞机和某些车辆上的全球定位系统，通过比较来自不同卫星的信号，我们现在已经证明时空确实是弯曲的。如果还有人假定时空是平直的，那么他将计算出错误的位置。

三维的空间与一维的时间是我们所看到的。那么我们为什么要相信存在还没有被观察到的额外维度呢？它们仅仅是科学幻想吗？还是它们确有可探测的后果？我们认真看待额外维度的原因是，尽管爱因斯坦的广义相对论跟我们的观测相符，同时他的理论却自掘坟墓。Roger Penrose（罗杰·彭罗斯）和我证明了，在宇宙大爆炸中，时间有一个起点，时间的终点在黑洞里。在这些地方，广义相对论可能是失效的，因此人们无法用广义相对论来预言宇宙如何开始，或者对某个落入黑洞的人将会发生什么。广义相对论在宇宙大爆炸与黑洞里失效的原因是，它没有考虑物质在小尺度上的行为。在通常的情况下，时空的弯曲是非常轻微的，而且发生在相对大的尺度上。所以，小范围的涨落不会影响它。但是在时间的起点和终点上，时空被挤压成一个点。为了处理这个问题，我们需要将描述大尺度的广义相对论和描述小尺度的量子力学结合起来。这将产生一个描述宇宙从起点到终点的、包罗万象的理论。

在过去的30年里，我们一直在寻找这个包罗万象的理论。现在我们认为已经有了一个候选者，姑且称它为M理论。事实上，M理论不是一个单一的理论，它是一组物理上等价的理论织成的网络。这一点迎合了关于科学的实证主义哲学。对于后者，理论仅是一个描述和整理观测数据的数学模型。人们无法询问一个理论是否反映了实在，因为我们没有与理论无关的方式来断定什么是实在。即使我们周围被视作显然实在的日常对象，在实证论者的眼中，也仅仅是构建在我们脑海里用以诠释来自光学与触觉神经信号的模型。当谈及Berkeley（贝克莱）主教的没有什么是实在的这一观念时，Samuel Johnson（塞缪尔·约翰逊）博士刻意地踢着那块巨石呼喊着："如是我拒之。"但是，也许我们真的只是一个被连接起来的巨型的计算机模拟系统，我们发出一个启动信号，摆动一只虚构的脚，踢在一块虚构的石头上，计算机发回一个表示疼痛的信号。我们未必不是一些被外星人在电脑游戏里摆弄的角色。

放下这些笑谈，重要的一点是，我们对宇宙可以有几种不同的表述，并且都预言相同的观测结果。我们无法说一种表述比其他的更实在，只因在某一特定环境下它更方便而已。所以，M理论网络中的所有理论都有相似的立足点，不能说某种理论比其他种更真实。

引人注目的是，在M理论网络的许多理论中，时空有高于我们所知的四维的维度。这些额外维度是真实的吗？我必须承认在接受额外维度上我曾有所保留。然而M理论网络配合得如此美妙，包含如此之多意想不到的对应关系，以至于我觉得如果忽略它，就如同宣称上帝有意把化石放入岩石以欺骗达尔文相信生物进化论一样。

在这个网络的某些理论里，时空是十维的，而在其他一些理论中，时空是十一维的。这从另一个方面表明时空及其维度并不是与模型无关的绝对的、与理论无关的量，而是依赖特定数学模型的导出量。那么，时空又是如何对我们显现为四维，而在M理论中表现为十或者十一维的呢？为什么我们没有观测到另外六或者七维呢？一个迄今被广为接受的对此问题的常规解释是：那些额外维度都卷曲成一个微小的空间，而剩下四个几乎平直的维度。这类似于人的头发。如果你从远处看，它像一根一维的线。但是在一个放大镜下观察时，你会发觉其厚度，头发实际上是三维的。对于时空，如果卷曲的额外维度存在的话，一个足够强大的放大应该能揭示出那些卷曲的额外维度。事实上，我们能利用像正在日内瓦建造的大型强子对撞机那样的大的粒子加速器产生高能粒子，去探测时空的短距离。至少到现在，我们并未发现时空有超出四维的证据。假如额外维度的图像是正确的，那么它们必须卷曲得比一百亿亿分之一厘米还小。

我刚才表述的是所谓保守的额外维度的实现方案。它意味着，我们有较多机会探测到额外维度的唯一场所将是极早期宇宙。不过，最近出现了一个更为激进的建议，声称一个或者两个额外维度可以很大甚至是无限大。由于这些大的额外维度还不曾为粒子加速器所探测到，所以必须假定所有的物质粒子都被禁闭于时空中的一个膜或者一个曲面上，它们不能在大的额外维度中自由传播。光也不得不被限制于膜上，否则我们就已经探测到大的额外维度了，粒子间的核力也是同理。另一方面，引力，作为所有形态的能量与质量之间的普适作用，不能仅仅局限于膜上，而将穿透整个时空。

由于引力传递到大的额外维度与膜上，它理应比禁闭在膜上的电力随距离衰减得更快。然而，通过行星轨道观测我们了解到，由太阳产生的牵引引力随离太阳距离的下降和电力随距离的衰减方式相同。因此，如果我们生活在一个膜上，则需要一些理由解释为什么引力不传播到远离膜的地方而囿于膜的近旁。

一种可能是：大的额外维度中止于距离我们生活的膜不远的第二个影子膜上。因为光只能沿着膜传播而不能进出膜之间的空间，我们无法看到这个影子膜。不过，我们可以感觉到影子膜上的物质的引力。在影子膜上，也许有影子星系、影子恒星甚至影子人，它们可能因为感觉到的那些来自我们膜上的物质所产生的引力而惊叹。

对我们来说，这些影子物质会显现为暗物质——无法被看到但其引力可被感觉到的物质。事实上，在我们的银河系中，我们就有暗物质的证据。我们能看到的物质的数量，并不足以提供当它旋转时维系银河系在一块儿的引力。除非存在一些暗物质，否则银河系就会飞散开来。类似地，我们观测到的星系团的质量也不足以阻止它们飞散开来，因此同样有必要存在暗物质。当然，暗物质并非影子膜的必要证据，它可以仅仅是某些难以观测的物质形态，例如巨重但作用弱的粒子（wimps），或者棕矮星——那些温度低得根本不足以使氢燃烧的小质量恒星。

因为引力可以在我们所在的膜与影子膜之间传播，在我们所在的膜上的两个相邻客体之间的引力应该比囿于膜上的电力随距离衰减得更快。我们可以借助剑桥的 Cavendish 勋爵发明的装置，在实验室里测量引力的短距离行为。迄今为止，我们并未发现任何引力与电力的差异，表明膜间距不会超过 1 厘米。以天文学的标准，这是微小的，但和其他额外维度的上限相比却是巨大的。为了检验这一膜世界的图景，新的短距离引力测量还在进行。

除了终止于第二个膜的额外维度的可能性以外，另一种可能是额外维度无限大，但像马鞍一样高度卷曲着。Lisa Randall（里萨·阮朵）和 Raman Sundrum（拉曼·桑卓姆）证明这种曲率表现得很像第二块膜。膜上物体的引力影响将被禁闭在膜近旁而不会传播到额外维度的无穷远处。类似于影子膜模型，引力场有正确的长距离衰减行为，用以解释行星轨道和实验室的引力测量。但引力会在短距离上变化得更快。但是，Randall-Sundrum 模型与影子膜模型有一个重要的区别。在引力影响下运动的物体会产生引力波——以光速传过时空的曲率的涟漪。类似光的电磁波，引力波应该携带能量，这是已经被脉冲双星观测证实的预言。

如果我们真的生活在有额外维度的时空的膜上，膜上物体的运动产生的引力波会传入其他维度。若是存在第二个影子膜，它们会被反射回来并被束缚在两个膜之间。另一方面，如果只有一个膜，时空恰如 Randall-Sundrum 模型所言的那样无限伸展，引力波就可以完全逃逸走，带走我们膜世界中的能量。这看似违反了物理学中的一条基本原理——能量守恒定律，即能量的总和保持不变。然而，这种违反是缘于我们将考察发生了什么的目光局限在膜上。一个能看到额外维度的天使将明了能量还是一样的，只是有些传播出去而已。

只有短引力波可以逃逸出膜，而唯一的发射可观数量的短引力波的源可能只有黑洞。膜上的黑洞可以扩张成一个在额外维度中的黑洞。如果黑洞比较小，它几乎就是圆形的，那样它在额外维度中伸展的尺度与在膜上的大小相似。另一方面，膜上的大黑洞会扩张成一个"薄饼型"黑洞，它局限在膜的附近，其在额外维度中的厚度远小于在膜上的宽度。

大约三十年前，我发现黑洞并非是纯黑的；它们就像是被加热的物体一样，可以发射所有种类的粒子和辐射。因为物质和电力被束缚在膜上，粒子和像光这样的辐射将沿着膜发射。然而黑洞也发射引力波。引力波不会囿于膜上，而是可以在额外维度中穿行。如果黑洞是薄饼型的大黑洞，引力波会停留在膜附近。这意味着黑洞会失去能量和质量，其速率恰好是在四维时空中人们对黑洞辐射所期望的那样。黑洞于是会缓慢蒸发，尺度缩小，直至小到它辐射的引力波开始自由地逃逸到额外维度中去。对于在膜上的人，黑洞看起来在发射暗辐射——无法在膜上直接观测的辐射，其存在性可以从黑洞质量正在丢失的这一事实中推测出来。这也意味蒸发着的黑洞最终的辐射爆发会表现得没有它实际上爆发的那么壮观。这可能是为什么我们还没有观测到伽马射线爆的原因，这些辐射爆可以被归咎于垂死的黑洞，尽管其他的更普通的解释可以是没有多少低质量的黑洞，低到可以在现今的宇宙年龄中蒸发。那是一个遗憾，因为如果一个低质量黑洞被找到的话，我就可以得诺贝尔奖了。

膜世界是如何起源的？影子膜模型的一个版本被叫作 Ekpyrotic 宇宙。Ekpyrotic 这个冗长的字眼来自希腊文，意为运动和变化在 Ekpyrotic 图景下，我们所处的膜与影子膜被假想成是永远存在的。在无穷远的过去，它们是静止存在的。膜之间一个假想的轻微的力使得它们相向运动，于是膜会碰撞并彼此穿越对方，产生大量的热和辐射。这个碰撞被认为是宇宙的大爆炸——宇宙热膨胀相的起点。至于膜是否能够如此碰撞并如此行事，还存在很多未解决的技术细节。但是，即使膜真的具有所要求的属性，Ekpyrotic 图景在我看来还是不能令人满意的。该图景要求膜发轫于无限过去的一个难以置信的精细调节的位形。膜的初始条件的任何细微变化都将导致异常凌乱的碰撞，从而造成一个高度不规则的膨胀的宇宙，这与我们观测到的几乎平直光滑的宇宙完全不同。如果真要准确地指定初始条件，那么膜起自基态，即能量最低态，是自然的。然而，如果存在能量最低态，膜就理应驻留其中而不会有什么碰撞。按照上面的图景，膜来自一个不得不人为放置的不稳定状态。放置这一精密的初始条件的上帝之手必须异常稳定。不过如果这可以做到的话，那么也可以任何其他的方式启动膜。

依我看，对膜世界起源的一个更吸引人的诠释也许是由真空涨落引起的自发创生。膜的创生有点类似在沸水中蒸汽泡的形成。液态水由百亿亿计的水分子因近邻间的相互耦合而堆垒在一起。当水被加热时，分子运动加剧，彼此碰撞。偶然地，有些碰撞会给某些分子以如此大的速度以至于可以挣脱它们的束缚，在水中形成一个小气泡。此后，还是随机地，气泡或有更多分子从液态水中加入而长大，或反之收缩变小。多数小气泡将重新被瓦解到液态水中，不过也会有少数长到某个临界尺度，超出此临界尺度的气泡几乎一定会继续生长。人们在水沸腾时看到的就是这些继续生长后膨胀较大的气泡。

膜世界的行为与此相似。真空涨落导致膜世界像气泡一样从无到有。膜构成时空泡的表面，时空泡的内部是高维空间。非常小的时空泡会再度瓦解消失，然而借助量子涨落创生后长大的超过某个临界尺度的时空泡会有希望继续成长。像我们这些生活在时空泡表面的膜上的人们就认为宇宙是在膨胀。膨胀的图像就像是在一个气球表面上画上许多星系后再给气球充气。各星系将彼此远离，不过没有一个星系可以被取作膨胀的中心。让我们期望，不要有一个捣蛋鬼用一根宇宙之针把时空泡捅破而放气。当膜膨胀时，被包其中的高维空间的体积也在增加。最后，一个被我们生活其上的膜包围的硕大的时空泡就有了。膜上的物质，也就是时空泡的表面，将给出时空泡内部的引力场。等价地，内部的引力场也决定了膜上的物质。这一点像全息图。

一张全息图是编码在二维表面上的三维对象的像。我很了解全息图，甚至在《星际航行》的一集中，牛顿、爱因斯坦和我就曾一同出现在那些全息图里（一段电影）。类似地，那个我们脑海中的四维时空也许仅仅是在五维时空泡内部的事件的全息图。于是，哪一个是实在呢？泡沫还是膜？根据实证主义哲学，这是没有意义的问题，因为不存在与模型无关的关于实在的检验，或者什么是宇宙的真实维数。四维和五维的描述是等价的。我们以生活于三维空间和一维时间的世界为天经地义。可是，或许我们仅仅是闪烁的火焰投射到洞穴的墙壁上的影子，洞穴决定了我们的存在。让我们希望所遇到任何怪兽也同样只是影子吧。

膜世界模型是现在的一个研究热点。这类模型尽管是高度思辨的，但是它们给出了新的可以通过观测验证的东西。它们可以解释为什么引力看起来如此微弱。在基本理论中，引力可能是很强的，但引力在额外维度中的传播意味着在我们生活的膜上的引力在长距离上是微弱的。如果引力在额外维度中更强，则在高能粒子碰撞中形成小黑洞会比较容易。这可能在正在日内瓦建造的大型强子对撞机（LHC）上发生。一个微小的黑洞并不会像报纸、杂志上的已使人相信的恐怖故事那样吞噬地球。相反，黑洞会在霍金辐射的闪烁焰火中消失，而我将得到诺贝尔奖。所以，在 LHC 的前提下，我们可能发现一个膜的新奇世界。

非常感谢。

编者按：本文原题为 Brane New World。经与霍金教授的助手 Neel Shearer 先生联系，征得霍金教授本人的同意，本文译自 2002 年 8 月 18 日下午霍金教授在北京国际会议中心所做的公众演讲的英文稿。本文选自《数学译林》，2002(3): 193–197。

宇宙的起源

—— 在 2006 年访华期间的演讲*

Stephen Hawking

译者：吴忠超

根据中非 Boshongo 人的传说，世界太初只有黑暗、水和伟大的 Bumba 上帝。一天，Bumba 胃痛发作，呕吐出太阳。太阳灼干了一些水，留下土地。他仍然胃痛不止，又吐出了月亮和星辰，然后吐出一些动物，豹、鳄鱼、乌龟、最后是人。

这个创世纪的神话，和其他许多神话一样，试图回答我们大家都想诘问的问题：为何我们在此？我们从何而来？一般的答案是人类的起源是发生在比较近期的事。人类正在知识和技术上不断地取得进步。这样，它不可能存在那么久，否则的话，它应该取得更大的进步。这一点甚至在更早的时候就应该很清楚了。

亚里士多德：宇宙无开端

宇宙已经存在了无限久的时间。例如，按照 Usher 主教《创世纪》把世界的创生定于公元前 4004 年 10 月 23 日上午 9 时。另一方面，诸如山岳和河流的自然环境，在人的生命周期里改变甚微。所以人们通常把它们当作不变的背景。要么作为空洞的风景已经存在了无限久，要么是和人类在相同的时刻被创生出来。

但是，并非所有人都喜欢宇宙有个开端的思想。例如，希腊最著名的哲学家亚里士多德，相信宇宙已经存在了无限久的时间。某种永恒的东西比某种创生的东西更完美。他提出我们之所以看到发展处于这个情形，那是因为洪水或者其他自然灾害，不断重复地让文明回复到萌芽阶段。信仰永恒宇宙的动机是想避免求助于神意的干涉，以创生宇宙并起始运行。相反地，那些相信宇宙具有开端的人，将开端当作上帝存在的论据，把上帝当作宇宙的第一原因或者原动力。

---

*霍金分别于 2006 年 6 月 15 日在香港科技大学体育馆和 6 月 19 日在北京人民大会堂做了此演讲。

宇宙开端前时间无意义

如果人们相信宇宙有一个开端,那么很明显的问题是,在开端之前发生了什么?上帝在创造宇宙之前,他在做什么?他是在为那些诘问这类问题的人准备地狱吗?德国哲学家伊曼努尔·康德十分关心宇宙有无开端的问题。他觉得,不管宇宙有无开端,都会引起逻辑矛盾或者二律背反。如果宇宙有一个开端,为何在它起始之前要等待无限久。他将此称为正题。另一方面,如果宇宙已经存在无限久,为什么它要花费无限长的时间才达到现在这个阶段。他将此称为反题。无论正题还是反题,都是基于康德的假设,几乎所有人也是这么办的,那就是,时间是绝对的,也就是说,时间从无限的过去向无限的将来流逝。时间独立于宇宙,在这个背景中,宇宙可以存在,也可以不存在。

直至今天,在许多科学家的心中,仍然保持这样的图景。然而,1915 年爱因斯坦提出他的革命性的广义相对论。在该理论中,空间和时间不再是绝对的,不再是事件的固定背景。相反地,它们是动力量,宇宙中的物质和能量确定其形状。它们只有在宇宙之中才能够定义。这样谈论宇宙开端之前的时间是毫无意义的。这有点儿像去寻找比南极还南的一点没有意义一样。它是没有定义的。

实证主义方法研究宇宙问题

如果宇宙随时间本质上不变,正如 20 世纪 20 年代之前一般认为的那样,就没有理由阻止在过去任意早的时刻定义时间。人们总可以将历史往更早的时刻延展,在这个意义上,任何所谓的宇宙开端都是人为的。于是,情形可以是这样的,这个宇宙是去年创生的,但是所有记忆和物理证据都显得它要古老得多。这就产生了有关存在意义的高深哲学问题。我将采用所谓的实证主义方法来对付这些问题。在这个方法中,其思想是,我们按照我们构造世界的模型来解释自己感官的输入。人们不能询问这个模型是否代表实在,只能问它能否行得通。首先,如果按照一个简单而优雅的模型可以解释大量的观测;其次,如果这个模型做出可能被观察检验,也可能被证伪的明确预言,这个模型即是一个好模型。

根据实证主义方法,人们可以比较宇宙的两个模型。第一个模型,宇宙是去年创生的,而另一个是宇宙已经存在了远为长久的时间。一对孪生子在比一年前更早的时刻诞生,已经存在了久于一年的宇宙的模型能够解释像孪生子这样的事物。

哈勃发现星系飞离我们

另一方面，宇宙去年创生的模型不能解释这类事件，因此第二个模型更好。人们不能诘问宇宙是否在一年前确实存在过，或者仅仅显得是那样。在实证主义的方法中，它们没有区别。

在一个不变的宇宙中，不存在一个自然的起始之点。然而，20 世纪 20 年代当埃德温·哈勃在威尔逊山上开始利用 100 英寸的望远镜进行观测时，情形发生了根本的改变。哈勃发现，恒星并非均匀地分布于整个空间，而是大量地聚集在称为星系的集团之中。哈勃测量来自星系的光，进而能够确定它们的速度。他预料向我们飞来的星系和飞离我们的星系一样多。这是在一个随时间不变的宇宙中应有的。但是令哈勃惊讶的是，他发现几乎所有的星系都飞离我们而去。此外，星系离我们越远，飞离得越快。宇宙不随时间不变，不像原先所有人以为的那样，它正在膨胀。星系之间的距离随时间而增大。

最重要发现：宇宙在膨胀

宇宙膨胀是 20 世纪或者任何世纪最重要的智力发现之一。它转变了宇宙是否有一个开端的争论。如果星系现在正分开运动，那么，它们在过去一定更加靠近。如果它们过去的速度一直不变，则大约 150 亿年之前，所有星系应该一个落在另一个上。这个时刻是宇宙的开端吗？

许多科学家仍然不喜欢宇宙具有开端。因为这似乎意味着物理学崩溃了。人们就不得不去求助于外界的作用，为方便起见，可以把它称作上帝，去确定宇宙如何起始。因此他们提出一些理论。在这些理论中，宇宙此刻正在膨胀，但是没有开端。其中之一便是邦迪、高尔德和霍伊尔于 1948 年提出的稳恒态理论。在稳恒态理论中，其思想是，随着星系离开，由假设中的在整个空间连续创生的物质形成新的星系。宇宙会永远存在，而且在所有时间中都显得一样。这最后的性质从实证主义的观点来看，作为一个可以用观测来检验的明确预言，具有巨大的优点。在马丁·莱尔领导下的剑桥射电观测天文小组，在 20 世纪 60 年代早期对弱射电源进行了调查。这些源在天空分布得相当均匀，表明大部分源位于银河系之外。平均而言，较弱的源离得较远。

稳恒态理论与观测冲突

稳恒态理论预言了源的数目对应于源强度的图的形状。但是观测表明，微弱的源比预言的更多，这表明在过去源的密度较高。这就和稳恒态理论的任何东西在时间中都是不变的基本假设相冲突。由于这个，也由于其他原因，稳恒态理论被抛弃了。

还有另一种避免宇宙有一开端的企图是，建议存在一个早先的收缩相，但是由于旋转和局部的无规性，物质不会落到同一点。相反，物质的不同部分会相互错开，宇宙会重新膨胀，这时密度保持有限。两位苏联人利弗席兹和哈拉尼科夫实际上声称，他们证明了，没有严格对称的一般收缩总会引起反弹，而密度保持有限。这个结果对于马克思列宁主义的唯物辩证法十分便利，因为它避免了有关宇宙创生的难以应付的问题。因此，这对于苏联科学家而言成为一篇信仰的文章。

电视雪花竟因宇宙微波

当利弗席兹和哈拉尼科夫发表其断言时，我是一名 21 岁的研究生，为了完成博士论文，我正在寻找一个问题。我不相信他们所谓的证明，于是就着手和罗杰·彭罗斯一起发展新的数学方法去研究这个问题。我们证明了宇宙不能反弹。如果爱因斯坦的广义相对论是正确的，就存在一个奇点，这是具有无限密度和无限时空曲率的点，时间在那里有一个开端。

在我得到第一个奇点结果数月之后，即 1965 年 10 月，人们得到了确认宇宙有一个非常密集开端的思想的观察证据，那是发现了贯穿整个空间的微弱的微波背景。这些微波和你使用的微波炉的微波是一样的，但是比它微弱多了。它们只能将比萨加热到 $-270.4°C$，甚至无法将比萨化冻，更不用说烤熟它。实际上你自己就可以观察到这些微波。把你的电视调到一个空的频道，在荧幕上看到的雪花的百分之几就归因于这个微波背景。早期非常热和密集状态遗留下的辐射是对这个背景的仅有的合理解释。随着宇宙膨胀，辐射一直冷却下来，直至我们今天观察到它的微弱的残余。

虽然彭罗斯和我自己的奇性定理预言，宇宙有一个开端，这些定理并没有告诉我们宇宙如何起始。广义相对论方程在奇点处崩溃了。这样，爱因斯坦理论不能预言宇宙如何起始，它只能预言一旦起始后如何演化。人们对彭罗斯和我的结果有两种态度。一种是上帝由于我们不能理解的原因，选择宇宙的起始方式。这是约翰·保罗教皇的观点。在梵蒂冈的一次宇宙论会议上，这位教皇告诉代表们，在宇宙起始之后，研究它是可以的。但是他们不应该探究起始的本身，因为这是创生的时刻，这是上帝的事。我暗自庆幸，他没有意识到，我在会议上发表了一篇论文，刚好提出宇宙如何起始。我可不想像伽利略那样被移交给宗教裁判厅。

研究宇宙起源需量子理论

对我们结果的另外解释,这也是得到大多数科学家赞同的解释。这个结果显示,在早期宇宙中的非常强大的引力场中,广义相对论崩溃了,必须用一个更完备的理论来取代它。因为广义相对论没有注意到物质小尺度结构,而后者是由量子理论制约的,所以人们预料总要进行这种取代。在通常情况下,因为宇宙的尺度和量子理论的微观尺度相比较极为巨大,所以是否取代无所谓。但是当宇宙处于普朗克尺度,也就是一千亿亿亿亿分之一米时,这两个尺度变成相同,必须考虑量子理论。

为了理解宇宙的起源,我们必须把广义相对论和量子理论相结合。里查德·费恩曼对历史求和的思想似乎是实现这个目标的最佳方法。里查德·费恩曼是一位多姿多彩的人物。他在帕沙迪那的脱衣舞酒吧里敲小鼓,又是加州理工学院卓越的物理学家。他认为,一个系统从状态 A 到状态 B 经过所有可能的路径或历史。

环球旅行证明世界非平板

每个路径或者历史都有一定的振幅和强度。而系统从 A 到 B 的概率是将每个路径的振幅加起来。存在一个由蓝干酪制成月亮的历史,但是其振幅很低。这对于老鼠来说不是一个好消息。

宇宙现在状态的概率可由将结局为这个状态的所有历史叠加得到。但是这些历史是如何起始的呢?这是一个改头换面的起源问题。是否需要一个造物主下达命令,宇宙如此这般起始呢,还是由科学定律来确定宇宙的初始条件呢?

事实上,即便宇宙的历史回到无限的过去,这个问题仍然存在。但是,如果宇宙只在 150 亿年前起始,这个问题就更加急切。询问在时间的开端会发生什么,有点像当人们认为世界是平坦的,询问在世界的边缘会发生什么一样。世界是一块平板吗?海洋从它边缘上倾泻下去吗?我已经用实验对此验证过。我环球旅行过,我并没有掉下去。

正如大家知道的,当人们意识到世界不是一块平板,而是一个弯曲的面时,在宇宙的边缘发生什么的问题就被解决了。然而,时间似乎不同。它显得和空间相分离。像是一个铁轨模型,如果它有一个开端,就必须有人去启动火车运行。

再无法反对宇宙有开端

宇宙的开端由科学定律来制约。爱因斯坦的广义相对论将时间和空间统一成时空。但是时间仍然和空间不同，它正像一个通道，要么有开端和终结，要么无限地伸展出去。然而，詹姆·哈特尔和我意识到，当广义相对论和量子论相结合时，在极端情形下，时间可以像空间中另一方向那样行为。这意味着，和我们摆脱世界边缘的方法类似，可以摆脱时间具有开端的问题。

假定宇宙的开端正如地球的南极，其纬度取时间的角色。宇宙就在南极作为一个起始点。随着往北运动，代表宇宙尺度的常纬度的圆就膨胀。诘问在宇宙开端之前发生了什么是没有意义的问题，因为在南极的南边没有任何东西。

时间，用纬度来测量，在南极处有一个开端。但是南极和其他的点非常相像。至少我听别人是这么讲的。我去过南极洲，但没有去过南极。

同样的自然定律正如在其他地方一样，在南极成立。长期以来，人们说宇宙的开端是正常定律失效之处，所以宇宙不应该有开端。而现在，宇宙的开端由科学定律来制约，所以反对宇宙有开端的论证不再成立。

宇宙膨胀有如沸水泡泡

宇宙最可能的历史像是泡泡的表面。许多小泡泡出现，然后再消失。詹姆·哈特尔和我发展宇宙自发创生的图景有一点像泡泡在沸腾的水中形成。其思想是，宇宙最可能的历史像是泡泡的表面。许多小泡泡出现，然后再消失。这些对应于微小的宇宙，它们膨胀，但在仍然处于微观尺度时再次坍缩。它们是另外可能的宇宙，由于不能维持足够长的时间，来不及发展星系和恒星，更不用说智慧生命了，所以我们对它们没有多大兴趣。然而，这些小泡泡中的一些会膨胀到一定的尺度，到那时可以安全地逃避坍缩。它们会继续以不断增大的速率膨胀，形成我们看到的泡泡。它们对应于开始以不断增加的速率膨胀的宇宙。这就是所谓的暴胀，正如每年的价格上涨一样。

通货膨胀的世界纪录应归一战以后的德国。在 18 个月期间价格增长了一千万倍。但是，它和早期宇宙中的暴胀相比实在微不足道。宇宙在比一秒还微小得多的时间里膨胀了 10^{30} 倍。和通货膨胀不同，早期宇宙的暴胀是非常好的事情。它产生了一个非常巨大的均匀的宇宙，正如我们观察到的。然而，它不是完全均匀的。在对历史求和中，稍微具有无规性的历史和完全均匀和规则历史的概率几乎相同。因此，理论预言早期宇宙很可能是稍微不均匀的。这些无规性在从不同方向来的微波背景强度上引起小的变化。利用 MAP（微波各向异性）卫星已经观察到微波背景，发现了和预言完全一致的变化。这样，我们知道自己正在正确的道路上前进。

"上帝的确在掷骰子"

我们是极早期宇宙的量子起伏的产物。早期宇宙中的无规性,意味着在有些区域的密度,比其他地方的稍高。这些额外密度的引力吸引使这个区域的膨胀减缓,而且最终能够使这些区域坍缩形成星系和恒星。我们是极早期宇宙的量子起伏的产物。上帝的确在掷骰子。

在过去的百年间,我们在宇宙学中取得了惊人的进步。广义相对论和宇宙膨胀的发现,粉碎了永远存在并将永远继续存在的宇宙的古老图像。取而代之,广义相对论预言,宇宙和时间本身都在大爆炸处起始。它还预言时间在黑洞里终结。宇宙微波背景的发现以及黑洞的观测,支持这些结论。这是我们的宇宙图像和实在本身的一个深刻的改变。

虽然广义相对论预言了,宇宙来自过去一个高曲率的时期,但它不能预言宇宙如何从大爆炸形成。这样,广义相对论自身不能回答宇宙学的核心问题,为何宇宙如此这般。然而,如果广义相对论和量子论合并,就可能预言宇宙是如何起始的,它开始以不断增大的速率膨胀。这两个理论的结合预言,在这个称作暴胀的时期,微小的起伏会发展,导致星系、恒星以及宇宙中所有其他结构的形成。对宇宙微波背景中的小的非均匀性的观测,完全证实了预言的性质。这样,我们似乎正朝着理解宇宙起源的正确方向前进,尽管还有许多工作要做。当我们精密测量空间航空器之间距离,进而能够检测到引力波,就会打开极早期宇宙的新窗口。引力波从最早的时刻自由地向我们传播,所有介入的物质都无法阻碍它。与此相比较,自由电子多次地散射光,这种散射一直进行到 30 万年后电子被凝结之前。

宇宙最终会再次坍缩吗?

尽管我们已经取得了一些伟大成功,并非一切都已解决。我们观察到,宇宙的膨胀在长期的变缓之后,再次加速。对此理论还不能理解清楚。缺乏这种理解,对宇宙的未来还无法确定。它会继续地无限地膨胀下去吗?暴胀是一个自然定律吗?或者宇宙最终会再次坍缩吗?新的观测结果、理论的进步正迅速涌来。宇宙学是一个非常激动人心和活跃的学科。我们正接近回答这古老的问题:我们为何在此?我们从何而来?

谢谢各位。

编者按:此文为霍金教授在 2006 年访华期间的演讲,版权属霍金教授所有。本文译者吴忠超,为霍金教授的中国博士生,1984 年获剑桥大学博士学位,亦是《时间简史》中译本译者。原文载于香港《文汇报》。

中国应该建造巨型对撞机，荣耀将被历史永远铭记

Stephen Hawking，Gordon Kane

译者：鲜于中之

> 戈登·凯恩（Gordon Kane，1937— ），美国密歇根大学维克托·魏斯科普夫（Victor Weisskopf）杰出教授，密歇根理论物理中心荣誉主任，曾获美国物理学会颁发的朱利叶斯·埃德加·利林菲尔德（Julius Edgar Lilienfeld）奖（2012年），J.J.樱井（J. J. Sakurai）理论粒子物理学奖（2017年）。

霍金（左）与凯恩（右）

纵观人类文明史，尤其是近四个世纪，理解我们所在的宇宙是无数人的理想，也是物理学的焦点。进入20世纪末，我们终于获得了粒子物理学的标准模型和宇宙学的标准模型。它们对世界的描述成功却不完善。成功是因为，它们在最高的能量和整个宇宙的范围内都成立，从而实现了物理学的传统目标。

而不完善之处在于，这两种标准模型都是描述性的理论，我们还不知道它们缘何正确。此外，这两种标准模型没有解释万有引力，尤其是没有提供引力的量子理论。它们也无法解释一些关键问题，比如遍布宇宙中的暗物质究竟是什么，以及为何宇宙在大爆炸之初包含等量的物质和反物质、而如今反物质只有物质的十亿分之一，等等。

过去几十年里,物理学的前沿阵地迅速扩张,物理学家的目标也愈加宏伟。自20世纪70年代起,物理学家就致力于用一种更基本的相互作用力统一描述几种看似不同的已知相互作用。在此过程中,他们发现超对称对于理解这种统一极有助益,出现于80年代的暴胀理论和弦理论进一步强化了这些观念。回想当初,欧内斯特·卢瑟福(Ernest Rutherford)在20世纪20年代曾说:"在我的系里,别让我听见谁谈论宇宙。"然而时过境迁,诚如斯蒂文·温伯格(Steven Weinberg)所言:"过去与现今物理学家的差异,不仅在于他们知道得不如我们多。对于探索知识的目标和途径,他们的看法也完全不同。"

物理学进步的动力在于新概念和新工具,比如新的粒子对撞机和探测器。明确希格斯玻色子的存在,已从根本上改变并加深了我们对宇宙的理解。但如果没有欧洲核子中心(CERN)的大型强子对撞机(LHC),这一切就无从谈起。渺小的人类竟能理解整个宇宙,既让我们心生敬畏,又获得慰藉。

位于CERN的大型强子对撞机的CMS探测器(CERN图)

在这方面,美国于1993年取消的超导超级对撞机(SSC)充当了历史的反面教材。美国因此失去了基本粒子物理学的领导地位,不过也为中国迈向这个位置让出了机会。各方面的详细记录显示,导致SSC失败的原因复杂多样,政治环境、偶发事件、管理失误、对国际合作的依赖,诸多不利因素发生了叠加。这其中,经费超支并非主要原因。

CERN于2012年发现了希格斯玻色子,迈出了理解宇宙的重要一步。我们由此确知,粒子物理学的标准模型连同产生质量的对称破缺机制,可以成功地描述我们的世界。希格斯相互作用在其中扮演关键角色:若不是电子通过与希格斯玻色子相互作用而获得质量,原子的尺寸就会和宇宙一样大,我们的世界也就无法存在。可是，电子一旦通过和希格斯场的相互作用获得质量，量子修正就会使它重得变成黑洞，除非某种有待发现的新物理将电子质量稳定在它的实际值。构想中的这台对撞机就将寻找这种新物理的线索。

规划中的中国对撞机分为两个阶段。第一阶段是"环形正负电子对撞机"（CEPC），而第二阶段则是"超级质子对撞机"（SPPC）。两者都需要很长的环形隧道，其周长预计可达 100 千米。在第一阶段，物理学家将集中研究希格斯物理，并试图从中揭示更深刻的基本理论。尽管我们通过量子修正的理论知道，已经发现的希格斯玻色子不可能是标准模型中的希格斯玻色子，但 LHC 中关于希格斯玻色子衰变的数据告诉我们它们很像：希格斯玻色子几种衰变模式的分支比都和标准模型的预期一致，尽管它们本可以非常不同。不过，LHC 的数据仍然允许相当不同的结果。其中最重要的过程是希格斯玻色子衰变为两个传递弱相互作用的 Z 玻色子。该衰变模式分支比的 LHC 测量值与标准模型预言的比值为 1.3±0.3。LHC 的进一步运行只能略微减小其不确定度，而 CEPC 能够将精度提高一个数量级，从而真正告诉我们希格斯玻色子是否同标准模型的预言一致。其他几种衰变模式的情况也类似。此外，根据我们对希格斯玻色子的现有理解，应当还有与之相伴的粒子。发现这些粒子需要能量更高的新对撞机，而搜寻这些粒子将是未来对撞机的主要目标。新对撞机能够提供更好的数据，供我们研究希格斯玻色子性质，从而使我们更深入地理解希格斯物理的重要角色。

目前，位于日本的国际直线对撞机（ILC）项目与 CEPC 的目标相似。CERN 也在规划下一代对撞机，其中名为 CLIC 的直线正负电子对撞机与 CEPC 也有相似的目标。不同国家和地区的加速器或对撞机有相似的物理目标，以往很常见。这不仅对于科学研究很可贵，对建造它们的国家和地区也极有价值，我们将在下文讨论。

与 ILC 和 CLIC 等其他方案相比，CEPC 的一个巨大优势在于，它的第二阶段 SPPC 将以更高的能量对撞质子。SPPC 可直接使用 CEPC 的隧道。我们有充足的理由至少将总能量提升到 LHC 的两到三倍。六到七倍于 LHC 的能量最终或许也是可行的，而这需要研发强度更高的超导磁铁。质子对撞可以提供观察预期信号所需的高亮度，我们可以为此制订长达数十年之久的研究计划。更高能量的对撞机有两个主要目标，其一是理解希格斯玻色子自身如何获得质量，其二则是通过更高的能量搜寻新的突破。

在希格斯物理之外，尽管无法确知 CEPC 或 SPPC 将来会发现什么，一种有趣的可能性是名为"超对称"的基本对称性。正如电荷共轭对称性告诉我们每种粒子都有其反粒子，超对称意味着我们将能发现标准模型粒子的伙伴粒子。通过对超对称伙伴粒子性质的研究，我们知道如果超对称的确存在，那么 SPPC 就有希望通过更高的能量发现它们。

有人认为，LHC 到目前为止仍未发现超对称伙伴或其他新现象，意味着发现它们的可能性很低。但这与历史经验相悖。当人们在 1979 年发现底夸克时，物理学家预期顶夸克只比底夸克重几倍。事实上顶夸克的确存在，但是比底夸克重 41 倍，直到近二十年后才被发现。如果超对称伴子也比 Z 玻色子重 41 倍，那么 LHC 及其后续升级就无法发现它，但 SPPC 仍有机会。超对称理论的另一个非凡性质是它能够将对撞机提取数据的尺度与更深层理论自然存在的尺度（也就是普朗克尺度）联系在一起，从而有助于我们发现更深刻的基本理论。CERN 也在规划建造更高能量的质子对撞机（FCC），预计能量最初为 LHC 的两到三倍，最高可升级到 LHC 的六倍。由于造价高昂，这些能量更高的对撞机计划最终很可能只有一项付诸实践。

建造 CEPC 及其后续升级版本，中国将深受其益。值得着重指出的是，当我们步入知识的前沿时，新技术和新思路将是继续进步的前提。若非如此，就无所谓前沿了。只依赖现有的技术和设备，我们不会走太远。在这方面，LHC 作为绝佳的范例在许多领域都有充足的文献证据，例如网格计算。万维网对全球经济的巨大影响更不待言，而它正是物理学家为了粒子物理的研究需要在 CERN 发明的。有人说，如果万维网的每一次使用都需要向 CERN 缴纳一便士，那么粒子物理学界就永无经费之虞。粒子物理探测器的发展还能催生更多价值至少数十亿美元的工业技术，比如磁铁技术以及未来的超导线技术。这些新技术产出的价值，将远超建造对撞机的投资。

蒂姆·博纳斯-李（Tim Berners-Lee）在 CERN 工作期间，为了创造能够管理并传播由大型强子对撞机产生的海量数据（47.370, 0.00, 0.00%）而发明了万维网。世界上第一个网站由博纳斯-李于 1991 年在 CERN 创建，博纳斯-李获得了 2016 年的图灵奖（CERN 图）

可以说，CERN 发明的万维网催生了第三次工业革命。同理，建造 CEPC 所需的材料和技术，以及对数据获取、存储和访问的需求，也有助于点燃第四次工业革命。高能物理引领了第三次工业革命头几十年的进程，而工业界也仅仅在近年来迎头赶超。历史有可能会第四次重演。

由 CERN 培养的博士，近半数转向了工业界等粒子物理之外的领域，为这些领域注入了新的活力。CEPC 亦然。这将带来显著的成效，因为一方面，基础研究激发创新创业，另一方面，LHC 为创业公司的第一批产品提供市场，从而增加成功机会、降低创业风险。中国对撞机亦然。由于粒子物理必须站在前沿、更深入地探究自然，就需要新方法和新技术，所以新技术一定会出现。投资一台高水平对撞机，将有助于加速中国的经济发展。

或许，这项事业的最大的收益在于吸引大量中国的青年才俊。在此过程中，这些年轻人会对科学的不同领域产生兴趣，从而转向各个科学领域，极大地促进中国科学事业的发展。培养一大批科学家，对于中国的教育系统也是一次重大而极为有益的挑战和机遇。

CEPC 有机会做出根本性的重大发现。不过即使如此，也还需要一台质子对撞机，通过一条很长的环形隧道以及数以千计的高强度磁铁，来发现更多新粒子并探索它们的性质。在这方面，历史再一次提供了向导：物理学家首先在能量较低的设备上发现了标准模型中负责传递力的玻色子（W、Z 粒子和胶子）。CERN 接下来用了二十年建造并运行了正负电子对撞机（LEP），以研究标准模型与其他替代理论，从而最终确立了标准模型的正确性。此后，物理学家利用 LEP 的隧道建造了能量更高的质子对撞机 LHC，并最终发现了希格斯玻色子。

发现新粒子或排除新粒子的存在，除了高能量对撞机是否另有途径？物理学家其实也发明了巧妙的方法，将质子或电子加速到更高的能量。遗憾的是，所有这些新方法提供的亮度都远不够发现新物理。它们至多每十年可以提供几个事件，但我们需要每年数十个或数百个事件。在 20 世纪 80 年代规划 SSC 的时期，SSC 的反对者声称，将会出现新的磁铁技术取代业已成熟的超导磁铁。可是 40 年过去了，这样的新磁铁技术还是没出现，或许根本就不存在。最近，丘成桐和斯蒂夫·纳迪斯（Steve Nadis）合著的《从万里长城到巨型对撞机：中国探索宇宙最深层奥秘的前景》一书，从科学和文化的角度阐述了这台对撞机的重要性，并由波士顿国际出版社（International Press of Boston）于 2015 年出版[1]。

中国已有几项中等规模的科学装备，比如由中国科学院高能物理研究所和物理研究所运行、最近成功开机的中国散裂中子源，就是世界上四台同类设备中的一台。在高能物理领域，CERN 目前是绝对领导者。它拥有世界级的高能物理中心，吸引了全球各地数以千计的物理学家在此工作，也吸引了

---

[1] 中文版由电子工业出版社于 2016 年出版。——编者注

大量访问者参观 CERN 的实验室和探测器。如果中国建造 CEPC 和 SPPC 这样的大科学装备，就将取代 CERN 的地位，成为高能物理的国际中心。CERN 也在规划同类对撞机，但这必须放在大型强子对撞机的升级运行之后，因此需要十年或更久的时间。

位于广东东莞的散裂中子源装置（视觉中国图）

中国迄今已明智地资助了很多大科学设备，但从科学技术、投资规模和文化影响力的角度看，其中的大多数都还未达到世界领导地位。至少在几个重点领域继续进步、达到世界领导地位，对中国至关重要。以科学重要性和技术影响力衡量，以北京正负电子对撞机（BEPC）三十年的经验为基础，CEPC 是上佳之选。几乎所有的花费都将发生在中国。如果中国推进这项事业，其他国家也会参与其中，从而在人类共同目标的引领下、在和平和谐的气氛中，极大地促进国际合作。

对撞机建设如今已是成熟的技术。通过专家审核，预算与日程规划将能相当精确地符合实际。中国的人均国内生产总值（GDP）尚未达到发达国家水平，但这不是拒绝对撞机的理由。正相反，对撞机将为更多人提供新的工作机会从而推动经济增长。中国的 GDP 总量已进入世界最高阵营，因而有能力投资一台未来的对撞机。正如王贻芳指出，CEPC、甚至 SPPC 的经费占 GDP 的比例，并不会超过现有能量较低但运行成功的 BEPC 在建造时所占的比例。此类投入激发的技术进步，将帮助发展中国家崛起为经济领导者。对中国而言，继续明智地投资基础研究非常重要。而且，资助对撞机与资助其他科研领域应当并行不悖，互不干扰。每个领域的经费都应能够维持其健康发展。

中国的粒子物理学界已经发展成熟，并通过 BEPC 掌握了较低能量的对撞机技术。许多中国物理学家也曾供职于 CERN 和费米实验室等对撞机实验室。如果中国领导此类尖端研究，外国同行也会前来参与和协助，确保取得最大成功。由此取得的任何新突破必将声名远扬。大型对撞机项目的推动者和项目领军者获得诺贝尔奖，在粒子物理学界屡有先例。加速器物理学家西蒙·范德米尔（Simon van der Meer）和卡洛·鲁比亚（Carlo Rubia）就因 CERN 的对撞机而获得诺贝尔奖，更早的先例还有粲夸克的发现，获奖者是丁肇中和伯顿·里希特（Burton Richter）。我们也为此期待中国的诺贝尔奖。

北京正负电子对撞机（BEPC）的直线注入器（中科院高能物理所图）

若没有新的对撞机设备，推动科学发展的新理论、新概念和新工具还会出现吗？当然会。新思路自然会导致新见解。但是不管理论再优美，没有数据的支持，我们就无法知道它能否描述并解释真实自然界的方方面面。若非希格斯玻色子的发现，仍会有许多人怀疑用希格斯场描写真空态的正确性。天体物理和宇宙学的观测，比如宇宙微波背景，也能提供重要的信息，但这些结果无法揭示顶夸克的存在、质量的起源、希格斯物理、相互作用的统一，等等。暗物质是什么？我们能否统一并简化关于相互作用力的理论，并将其与产生质量的希格斯机制联系起来？什么导致了宇宙初始时刻的快速暴胀？要回答这些重大问题，实验数据对于我们的理论至关重要。

利用实验数据和逻辑推理，将我们对物理宇宙的理解延伸到时间的起点和宇宙的边界，是人类文明的非凡成就。通过未来的对撞机提供的新结果，中国将有机会带领我们迈向理解宇宙的全新境界。通过粒子物理与宇宙学解释自然运行的内部规律，是人类文明的核心事业。将这项事业推向新高度的国家，它的荣耀和成就将被历史永远铭记。

译者简介：鲜于中之在清华大学获得物理学博士学位，目前在哈佛大学从事博士后研究，主要研究方向为粒子物理与宇宙学理论。是科普读物 *From the Great Wall to the Great Collider*（丘成桐，Steve Nadis）中文版《从万里长城到巨型对撞机：中国探索宇宙最深层奥秘的前景》的译者之一。

编者按：本文原文发表于 ICCM Notices，Vol. 6 (2018)，no. 1，中译文刊载于《数理人文》杂志（第 14 期，2018 年），《数学与人文》获授权转载。

"突破摄星"的目标在于实现星际旅行
——在 2017 腾讯 WE 大会上的演讲

Stephen Hawking

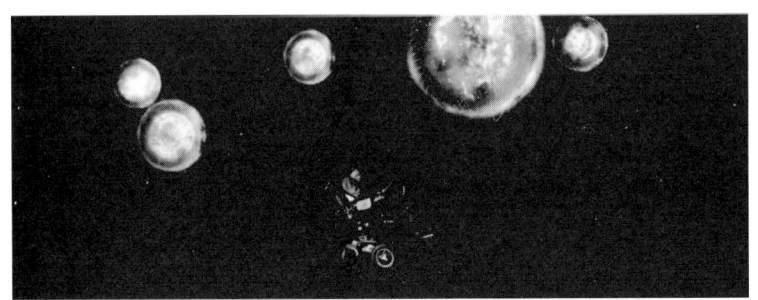

霍金在腾讯 WE 大会演讲（2017 年 11 月 7 日），这是他最后一次公众演讲，内容涉及人类未来和摄星计划（腾讯视频截图）

你好，北京！我是斯蒂芬·霍金。欢迎来到腾讯 WE 大会。

我今天的演讲，是关于在宇宙这一背景下，地球和人类所扮演的角色。为了最好地阐述，我需要从两个维度出发，一是思考人类的未来，二是研究我们探索太空、寻求其他潜在宜居星球的选择。我今天的目的，是问大家两个问题。首先，我们需要做什么才能够确保在力所能及的范围内人类的未来达到尽可能完美？其次，我们为什么要考虑探索其他宜居星球？

一个原因是，对于我们来说，地球变得太小了。在过去二百年中，人口增长率是指数级的，即每年人口以相同比例增长。目前这一数值约为 1.9%。这听起来可能不是很多，但它意味着，每四十年世界人口就会翻一番。2022 年，我将庆祝自己 80 岁的生日，而在我人生的这段历程中，世界人口比我出生时膨胀了四倍。

这样的指数增长不能持续到下个千年。到 2600 年，世界将拥挤得"摩肩接踵"，电力消耗将让地球变成"炽热"的火球。这是岌岌可危的。然而我是个乐观主义者，我相信我们可以避免这样的世界末日，而最好的方法就是移民到太空，探索人类在其他星球上生活的可能。

但是理由充分吗？难道留在地球上不是更好？在某种程度上，今天的情况就如同 1492 年前的欧洲。当时的人们很可能坚信，哥伦布的探险注定徒劳无功。然而，新世界的发现，对旧世界带来了深远的影响。对于那些被剥夺权利地位、走投无路的人来说，新世界成了他们的乌托邦。人类向太空的拓展，甚至将会产生更深远的影响，这将彻底改变人类的未来，甚至会决定我们是否还有未来。它不会解决地球上任何迫在眉睫的问题，但它将提供解决这些问题的全新视角，让我们着眼于更广的空间，而不是拘泥眼下。希望这能够让我们团结起来，面对共同的挑战。

当我们进入太空时，会有怎样的发现呢？会找到外星生命，还是发现我们终将在宇宙中踽踽独行？我们相信，生命在地球上是自然而生的，是在漫长的进化后，实现了与地球资源的高度契合。因此，在其他条件适宜的星球上，生命的存在也必定是可能的。即使这种可能性极小，但宇宙是无限的，我们还是可以假设生命会在某处出现。不过，如果概率很低，那么出现生命的两个星球间的距离，可能将异常遥远。

在太阳系中，月球和火星是太空移民地最显而易见的选择。水星和金星太热，而木星和土星是巨大的气体星球，没有坚实的表面。火星的卫星非常小，并不比火星本身更优。木星和土星的一些卫星也存在可能。比如木星的卫星之一欧罗巴，它的表面是冰层，但其下可能会有液态水，也就可能会孕育生命。那么我们如何确定这种可能？是否必须登陆欧罗巴，然后钻一个洞？

星际航行必然是一个长期的目标。我所说的长期，是指未来两百到五百年。

但是，还有另一种选择。去年，我与企业家尤里·米尔纳（Yuri Milner）一起，推出了长期研发计划——"突破摄星"，目标是让星际旅行变成现实。如果成功，在座各位有些人的有生之年内，我们将向太阳系最近的星系——半人马座阿尔法星系发送一个探测器。

"突破摄星"是人类初步迈向外太空的真正机会，为了探索和考量移居太空的可能性。这是一项概念验证的使命，其中涉及三个概念：迷你太空飞行器、光动力推进和锁相激光器。"星芯片"是尺寸被缩小到仅几厘米、但功能完备的太空探测器，它将附着于"光帆"上。"光帆"由超材料制成，重量仅有几克。我们设想，一千个由"星芯片"和"光帆"组成的纳米飞行器将被送入轨道。在地面上，激光器阵列将共同形成一道超强光束，光束穿过大气，以数十吉瓦的功率射向太空中的"光帆"。

这项创新背后的想法，是以光束来驱动纳米飞行器的前进。这样产生的速度虽然不及光速，但也能达到其五分之一，约合每小时1亿英里。这样的系统可以在一小时内抵达火星，几天内到达冥王星，一周内就可以追上并超过旅行者号探测器，并在仅二十年后到达半人马座阿尔法星系。重要的是，"星芯片"的轨迹可能包括"比邻星b"，这颗位于半人马座阿尔法星宜居带的行星，与地球的大小类似。正是在今年，"突破摄星"与欧洲南方天文台携手合作，进一步探寻半人马座阿尔法星系的宜居行星。

目前看来，这些都可能成为现实。但我们也看到重大的挑战。1 吉瓦功率的激光器仅能提供几牛顿的推力，不过因为纳米飞行器只有几克重量，恰恰可以克服这个问题。但是工程方面的挑战是巨大的。纳米飞行器必须经受极限加速、极寒、真空和质子，以及与太空粉尘等垃圾的碰撞。另外，由于大气湍流，将一套总量 100 吉瓦功率的激光组瞄准太阳帆，也是很困难的事情。

还有一些严峻的问题。如何让数百道激光穿过大气波动时聚合，如何推动纳米飞行器又不烧毁它们，如何让它们瞄准正确的方向？此外，我们还需要让纳米飞行器在冰冷的真空环境中工作二十年，这样它们才能将信号传回到四光年外的地球。然而这些都是工程设计要解决的问题，而工程挑战往往最终都会被解决。随着技术进步日趋成熟，我们可以展望更多令人兴奋的使命。如果"突破摄星"计划能传回毗邻星系中宜居星球的图像，这对人类的未来必将产生深远影响。

希望我已经解答了我演讲一开始所提出的问题。人类作为独立的物种，已经存在了大约二百万年。我们的文明始于约一万年前，其发展一直在稳步加速。如果人类想要延续下一个一百万年，我们就必须大胆前行，涉足无前人所及之处！

感谢大家的聆听。

编者按：本文转自腾讯科技网

http://tech.qq.com/a/20171105/023280.htm。

黑洞探索

霍金解决了黑洞悖论？科学家说，还早着呢
—— 黑洞与信息丢失之谜十分棘手，很难在短期内解决

Clara Moskowitz
译者：张旭阳

剑桥大学的物理学家斯蒂芬·霍金与乌得勒支大学的杰勒德·特·胡夫特在斯德哥尔摩的瑞典皇家理工学院讨论问题（图片来源：KTH/Hakan Lindgren）

这个星期，斯蒂芬·霍金（Stephen Hawking）解决了黑洞信息悖论的消息让物理学界变得沸沸扬扬。消息甚至说霍金发现了"逃离黑洞的方法"。但是，这些令人眼花缭乱的消息来得早了一些，这个悖论似乎并不那么容易解决。

霍金是剑桥大学的物理学家，他是第一个提出黑洞信息悖论的人。那还是在20世纪70年代，霍金预言黑洞（理论上是无法逃逸的引力陷阱）实际上会泄露出一些光来，这就是所谓的"霍金辐射"。按照霍金的说法，黑洞会不断发出辐射，直至彻底蒸发。这样的结果产生了新的问题，因为这似乎表明黑洞可以摧毁信息——而根据量子力学，这是绝对不可能的。

一个悖论

黑洞和其他事物一样，应该会保存其形成时的量子力学记录。例如，黑洞可能产生于大型恒星的消亡，恒星用于核聚变的燃料用尽，在自身引力的

作用下不断坍塌，最终形成黑洞。根据量子力学，黑洞应该储存了产生它的恒星及所有后来被吸入黑洞的物质的信息。但是如果黑洞某一天蒸发了，这些信息似乎也将会被摧毁。

物理学家已经尝试寻找让信息通过霍金辐射逃脱，而不至于与黑洞一同消亡的方法。这一方案的问题是，黑洞看起来并没有办法通过这种辐射来传递信息。根据最早预言黑洞的广义相对论，黑洞实际上是一种非常简单的天体，它只有三种属性：质量、电荷和角动量；除了这些数值外，黑洞没有任何其他性质，也没有其他细节。用物理学界的俗语讲，黑洞是一种"无毛"的天体。

8月25日，霍金在斯德哥尔摩瑞典皇家理工学院（KTH Royal Institute of Technology）做报告时，提出了一种对信息丢失悖论可能的解释，即给黑洞"植发"的方法："我认为信息并非像人们预料的那样储存在黑洞内部，而是储存于它的边界，也就是事件视界（the event horizon）。"他说，事件视界是黑洞的理论边界，一个任何物体都"有进无出"的球面。霍金进一步表示，信息存在于事件视界上的"超级译本（supertranslation）"中，它们是死亡恒星及落入黑洞的物质在第一次穿过视界时形成的痕迹，可以改变通过霍金辐射所发射出的粒子的位置和时机。霍金承认这些信息并不容易恢复，但是至少会维持信息不被摧毁，这也就解决了黑洞信息悖论。"进入黑洞的粒子的信息最终回到了宇宙，"他说，"只是以一种混乱无用的形式。所以说，实际上，这些信息没有凭空消失，只是我们找不到了而已。"

更大的困惑

大多数物理学家认为，要判定霍金的想法是否是一个真正的突破还为时尚早。他的报告非常简短，他和两个合作者——剑桥大学的物理学家马尔科姆·佩里（Malcolm Perry）及哈佛大学的安德鲁·施特罗明格（Andrew Strominger）——计划在下个月发表论文，详细深入地论述他们的想法。"我觉得（这个想法）很有前景，"参加会议的北欧理论物理研究所的物理学家扎比内·霍森费尔德（Sabine Hossenfelder）说，"但目前，它还不是一个完整的答案。"

霍金认为超级译本可以编码信息，也解释了这种想法背后的理论基础。"可能是这样的，"霍森费尔德补充道，"但是其具体机制与效率目前还不明确。而且，按照超级译本存储信息的机制，它们实际上会存储过量的信息！"

超级译本很难成为唯一的解释。最近几年，物理学家想出了一大堆点子来解决信息丢失悖论，使悖论愈发复杂。"坦诚地讲，我认为相比以前而言,(信息悖论)反倒陷入了更大的困境中,"瑞典乌萨普大学的物理学家乌尔夫·丹尼尔松(Ulf Danielsson)说,"霍金表示他已经解决了信息悖论,而对于我来说,这意味着又加入了一种观点,但问题是:这到底真的会解决一些问题,还是把我们丢进了更大的困惑中?我还不是很确定。"

更大的谜团

无论霍金的方案是对是错,这一问题仍将是物理学的热点。这一难题不仅仅与黑洞有关,更是与宇宙的性质及起源之谜有着深刻的关联。为了回答这一问题,物理学家们可能不仅仅需要更好地理解黑洞,还需要理解全部的量子引力理论——一个目前仍未被找到的理论。

某种程度上讲,黑洞是一种令人费解的天体,因为它们涉及两种不同的自然理论——统治亚原子世界的量子力学及描述引力并支配大尺度宇宙的广义相对论。然而,这两个理论从根本上是不相容的。物理学家们急需一种用量子规则描述引力的方法。由于同时涉及量子力学和广义相对论,信息丢失悖论"给了我们一个关注现有知识与未知领域的机会,并敦促我们试图去解开量子引力不同假说的含义,"来自加拿大圆周理论物理研究所(the Perimeter Institute for Theoretical Physics)的物理学家李·斯莫林(Lee Smolin)说。

斯莫林和霍森费尔德最近合作发表了一篇综述论文,总结了信息丢失之谜的所有可能的解决方案,大体上将它们归为六类,每一类都从不同的角度解决悖论。一种可能是,量子力学认为信息不可凭空消失的论断是错误的,信息真的被摧毁了。另一类方案认为,黑洞内部存在一个全新的时空区域,即"婴儿宇宙",在这个区域内可以保存信息。还有一种解决方案设想了一种理论上的天体——"白洞",白洞是黑洞的对立面,在白洞中时间流是反向的,任何物体都不能进入白洞,只能从白洞中涌出(包括信息)。第四类方案认为,黑洞永远不会彻底蒸发——它们只会收缩到极小的尺度,从而将信息保存下来。在第五类方案中,信息以某种方式从黑洞内部复制到了外部,所以当黑洞毁灭时,黑洞外的信息备份还存在。最后一类方案认为,信息是在黑洞视界上以各种方式被编码出来的——霍金的想法就属于这一类。"很不幸,我认为实际情况是,我们有了一个谜题,也有了一些解决方案,但我们知道的还不够。"斯莫林说。"甚至有这种可能,自然界存在许多不同类型的黑洞,某些黑洞可以以一种方案解释,而另一些则需要用其他的方案来解释。"

然而最终的结果是,对信息丢失悖论的探讨不仅仅会影响黑洞,还可能会影响一个在理论上与之相关的事件——大爆炸。狭小致密的黑洞与假想中宇宙诞生时的状态十分相似，许多物理上的考量也同样适用。这两种情况在数学上都预言了"奇点"（singularity）的存在，奇点是一个无穷致密、无穷小的时空点。一些物理学家认为，这些无穷的出现，表明（数学）方程出错了，而另一些人则坚持奇点是一种物理现实。如果去除了奇点概念的量子引力理论可以解决信息丢失悖论，就可能意味着我们宇宙有着另一种起源。"时间仍存在一个起点吗？"斯莫林问，"或者说奇点其实并不存在，大爆炸只是宇宙反弹回来的时刻？所以大爆炸发生之前，宇宙就已经存在？"

编者按：原文为 Stephen Hawking Hasn't Solved the Black Hole Paradox Just Yet; By Clara Moskowitz; Scientific American, August 27, 2015。中译文原载于《环球科学》2015 年 9 月 6 日，《数学与人文》经《环球科学》授权转载。

超弦理论中的黑洞与信息佯谬

Juan Maldacena

译者：田 雨

> 胡安·马达希纳（Juan Maldacena, 1968— ），1999年第一次作为成员来到普林斯顿高等研究院，从2002年以后成为自然科学院的教授。他继续研究自己提出的量子引力和量子场论之间的对应关系，希望进一步理解黑洞和量子场论以及超弦理论和宇宙学之间的深刻联系。

古人认为时间和空间是早于一切之前就存在的实体，物体的运动在其中发生。当然，这也是我们的直觉。但是，根据爱因斯坦的广义相对论，我们知道这是不对的。时间和空间是动力学的客体，其形状会被其中运动的物体所改变。通常的重力由时空的形变产生。时空是影响粒子运动的物理实体，同时又反过来被粒子运动所影响。例如，地球使时空变形，以致不同海拔的时钟走时快慢不同。当然，地球所造成的这种效应非常微小（但是可测）。对于非常重且致密的物体，时空的形变可以造成非常可观的效应。例如，位于中子星表面的时钟运行速度只相当于远处时钟的百分之七十。

阿尔伯特·爱因斯坦（左）与罗伯特·奥本海默（右）在高等研究院。前者试图否定似由其广义相对论所预言的黑洞概念。奥本海默曾用爱因斯坦的理论证明黑洞能够形成

实际上，有的物体可以如此之重，以致使时间完全停止，这就是黑洞。广义相对论预言，非常重且致密的物体将塌缩为一个黑洞。黑洞是广义相对论如此令人吃惊的一个预言，以致意识到它花费了很多年的时间。爱因斯坦本人就不把它作为一个真正的预言，只认为它是数学上过分简化的产物。但是，我们现在知道它们是广义相对论所明确预言的。更进一步，太空中有些

物体很可能就是黑洞。

黑洞是时空中的大洞，其表面叫作"视界"（或者"视野"），这是一个标志着有去无回的界面，任何人只要穿过这个表面就不可能再出来。然而，当穿过这个表面时他不会感觉到任何异常。只有当过一阵子被挤压到所谓"奇点"的时候他才会觉得很不舒服，因为奇点附近的区域是引力场非常强的地方。正是视界的存在，使得黑洞非常黑——没有任何东西可以逃离视界，包括光。幸运的是，如果你待在视界的外面，则不会有什么不好的事情发生。奇点始终藏在视界里面。

当考虑到量子效应的时候会发生令人惊讶的事情。由于视界附近的"量子起伏"，黑洞将会发出辐射，这就是所谓的霍金辐射。这个著名的理论预言是斯蒂芬·霍金在 20 世纪 70 年代做出的，它意味着黑洞不是完全黑的。黑洞可以像柴灰一样发光，而且如果它足够热的话，你甚至可以有"白黑洞"这样的矛盾说法。黑洞越小就越热。一个白黑洞应该有细菌那么大，而如一块大陆那么重。这样的黑洞虽然在理论上存在，却不清楚能否在宇宙中自然形成。宇宙中自然形成的黑洞应该有比太阳更大的质量和超过几英里的尺寸，这种黑洞应该也有霍金辐射，但是将被其他物质掉入黑洞的效应完全淹没。

正因为如此，霍金辐射还没有被直接观测到。然而，推导出它的论证是如此牢固，以致绝大多数研究过它的科学家都认为这是一个确切的预言。这种辐射的存在会有重要的后果。首先是黑洞具有温度。我们知道，温度是由于构成物体的基本组元的运动而产生的。例如，空气是热还是冷依赖于空气分子运动得快还是慢。而在黑洞的情形，是什么在运动？黑洞仅仅与引力有关，所以是时空自己在运动。自从 19 世纪开始，我们就知道当有一个热系统时我们能够计算一个物理量叫作"熵"，它告诉我们这个系统具有的微观状态数。从霍金的黑洞温度公式我们也能得到黑洞的熵，其形式正比于黑洞的视界面积或者质量的平方。这也多少有点奇怪，因为几乎任何物质的熵都按与其质量成正比增长，而这里它按平方的形式增长。这真是所谓"东西越多越好"的情况。

霍金辐射的第二个后果是黑洞会损失质量，因为辐射会带走能量。因此，一个留在空无一物的宇宙中的黑洞最终将会彻底消失。我们称这个过程为"黑洞蒸发"，因为黑洞就像一滴水一样地蒸发掉。黑洞的霍金辐射带来非常深刻和有趣的理论疑难。爱因斯坦告诉我们时空是一个物理的客体。我们也知道所有其他的物理客体，比如那些由物质或者辐射组成的东西，都满足量子力学的规律。因此，时空应该没有什么不同，从而也应该满足量子力学的规律。任何关于时空的量子理论就应该能够精确地描述黑洞是怎么形成和蒸发的，而且也应该能够精确地解释黑洞的熵。

这里可以发现一个有趣的悖论。对于经典情形，构成这个黑洞的所有信息都已经掉到黑洞里面了。而另一方面，霍金辐射意味着黑洞发出热辐射。这个热辐射看起来并不带有掉入黑洞的东西的任何信息，因为辐射是在视界附近产生的。因此，黑洞可以由很多不同的方式形成，但是好像总是以同样的方式蒸发。这与标准的量子力学是矛盾的。量子力学中（就像经典力学中一样）一个体系的信息是永不丢失的。不同的初始条件将导致不同的结果。当然，也有时候出现的结果是非常类似的。比如当你将这篇文章扔到碎纸机里，这上面写的东西似乎就丢失了。然而，原则上你是可以将其还原的。霍金认为，黑洞的行为表明当有引力存在时量子力学的这一基本原理不再成立。也就是说，从黑洞里出来的辐射将完全是热辐射而缺乏掉入黑洞的东西的所有信息。因此，黑洞看起来是一个信息的洗涤池，就像一个故意作对的怪兽一样，威胁着量子力学的基本定律。

超弦理论是为了描述时空的量子力学而构造的理论。所以，这个理论应该解释黑洞是否与量子力学相容。实际上，由于超弦理论遵循通常的量子力学原理，我们期望信息在黑洞里是不丢失的。正因如此，对于信息丢失问题的研究在 20 世纪 90 年代非常活跃。这个问题在超弦理论的原始形式里非常困难，因为量子的时空是作为在平直时空上传播的微小扰动（或者叫作涟漪）来考虑的。只要这些涟漪相互之间的作用比较微弱，这个理论是相对简单的。然而，为了形成黑洞需要偏离平直时空非常远。你需要将大量的这种涟漪放在一起，而当黑洞形成时，超弦理论的最简单形式却变得难以处理。

在 20 世纪 90 年代中期，约瑟夫·泡尔钦斯基（加利福尼亚大学圣巴巴拉分校）取得突破，他发现超弦理论中包含其他物体，叫作 D 膜。取这个奇怪名字的原因对我们来说并不重要，你可以想象给它们别的名字，只要你高兴。它们是像粒子一样的物体，比我们上面讨论的时空涟漪要重。尽管如此，仍然可以在超弦理论的法则内给它们以非常精确的描述。很快就清楚了，它们极适合于研究黑洞。

对于单个 D 膜的描述是非常简单的。一个 D 膜非常类似于一个粒子，它的特征就是其空间位置。然而，单个 D 膜还不够重，以使得时空发生显著弯曲。因此，我们需要将许多 D 膜放在一起。当我们把它们放在一起的时候，将会出现令人惊奇的全新对称性。在通常的量子力学中，基本粒子是全同的，没有任何办法来区分它们。整个系统的描述在任意两个全同粒子（比如两个电子）的交换下是完全不变的。而多个 D 膜却在一个更大的对称群作用下不变：这是一个完全的连续对称性，叫作规范对称性。（对于喜欢数学的读者：这是 SU(N) 群，相对于通常量子力学的置换群 S_N。）当 N 个 D 膜放在一起时，它们的位置变成了 N 行 N 列的矩阵。一个矩阵是数的阵列。我们也许会认为 N 个 D 膜应该由 N 个位置来描述，每个 D 膜具有各自的位置。然而，我们却发现它们是由 N^2 个数来描述。这 N^2 个变量的动力学由一个规范理论给出。规范理论对于描述自然界相当重要，我们已经用它们来描述自然界中三种基本的相互作用力（电磁力、弱力、强力）。现在，如果我们想将这些 D 膜拉开比较大的距离，发现将会有一种力阻止我们这么做，除非这些矩阵是对角的（相当于约化成 N 个全同粒子）。当所有这些 D 膜都挤在一起时，所有可能的安排它们的方式数随着 N 增长得非常快。实际上是正比于 N^2 增长，而不是像一个通常的广延体系那样正比于 N 增长。

这有点抽象，所以我们来打一个比方。假如说 D 膜就是人。设想有一群 N 个人（假设 N 是一个较大的数，比如 1000）。现在设想其中每个人可以是高兴的或者沮丧的。熵就是你想要完全指定每个人的表情状态所需要的信息，而这种情况下你需要指定 N 比特的信息：N 个人中的每一个究竟是高兴还是沮丧的。如果 N 是 1000，你就需要一千比特的信息。另一方面，设想每个人可以喜欢或者不喜欢其他的每个人。现在为了描述关于每个人喜欢或者不喜欢的完整集合，你就需要 N^2 比特的信息。如果 N 是 1000，你就需要一兆比特的信息。黑洞的情形与此类似，你需要跟踪描述一对 D 膜的变量，而不只是单个的 D 膜。在这个类比下，只有当某些 D 膜不喜欢其他所有的 D 膜（同时也不被其他所有的 D 膜喜欢）时，你才可以将它们与其他 D 膜分开，此时组态的数目将大为减少。

大量的 D 膜可以足够重而使周围的时空弯曲，并形成一个黑洞。为了产生一个具有温度的黑洞，必须使这 N^2 个自由度受到激发。这将给出黑洞熵的精确微观解释，就像 A·斯特罗明戈和 C·瓦法（他们都是普林斯顿高等研究院的前成员）所展示的那样。这 N^2 个自由度组成一个高度纠缠的状态，无法用独立粒子的运动来描述。然而，它可以精确地用 N 行 N 列矩阵的规范场论来描述。这个规范场论与我们通常用来描述自然界中强相互作用的理论相比并没有特别不同。有一些细节上的差别，但是在一些重要的方面是完全相同的。首先，它满足量子力学的通常法则。其次，它处于一个固定的时空背景中——即 D 膜所在的那个时空点。

实际上，这给我们带来一个表面上的矛盾。一方面，我们说过可以用处于某一空间点上的规范场论来描述 D 膜。另一方面，我们说过 D 膜产生一个黑洞，其视界是有一定大小的。实际上，在超弦理论中，这两种描述被认为是等价的。这个规范场论确实可以描述黑洞周围的整个区域。如果我们从很远来看黑洞，它看起来像一个点——这就是为什么这些矩阵处于某一点。而另一方面，这些矩阵也给出黑洞视界周围整个时空区域的描述。这就是由我和爱德华·威滕（普林斯顿高等研究院）以及 S·古布瑟、I·克莱班诺夫、亚历山大·泊里雅科夫一起提出的规范/引力对应关系。

规范理论给出黑洞及其周围几何的精确描述，这种描述是基于完全通常的量子力学的方式。这解释了黑洞的熵，而且也给出了黑洞及其周围时空的完全量子力学的描述。这种描述有时候被称为"全息"的，因为整个时空是从较少维数的量子力学描述中动力学地呈现出来的。（通常的全息是指当照亮一个二维的表面时产生出三维的图像。）

回到那个一群人及其喜欢和不喜欢状态的类比，这个主意就相当于整个时空都编码成了各个人之间喜欢或是不喜欢的模式。时空中的涟漪就是那个模式的变化，而"规范理论"就是告诉我们模式如何变化的简单动力学定律。这种描述在这个研究院里和其他地方都被广泛地探讨。在超弦理论的某些非常特殊的构型里，它才被理解得很好。然而，类似的描述被认为对于一般的黑洞也成立。这些理论上的进展其目标是表明黑洞也具有通常量子力学物体的行为。近些时候，为了利用黑洞来模拟强耦合量子系统，人们也在探索同样的（全息对应）关系。因此，从某种意义上说，黑洞已经成为信息的源头，而不是大家所担心的洗涤池！

推荐阅读：《黑洞战争》，L·萨斯坎德（Little，Brown and Company，2008）。

编者按：本文译自 Black Holes and the Information Paradox in String Theory，原文载于 The Institute Letter Summer 2011。

黑洞的神秘历程

Steve Nadis

译者：周　彬

黑洞的自转可以产生伽马爆（gamma-ray）和星系喷流（galactic jets）。而黑洞的旋转曾经难以测量——直到今天。

黑洞极强的引力会把我们带到物理学的极限边缘——应该说，完全远离了我们的日常经验。在黑洞的中心奇点那里，密度和曲率快速地趋向于无穷大，空间和时间发生解构，以致常规的物理学工具无可应用。

然而，出乎意料的是，黑洞可以化为非常简单的某种东西。诚如得克萨斯大学的物理学家 John Wheeler 的那句名言所说，"黑洞无毛"（Black holes have no hair）——就是说，黑洞没有什么细节特征。对于黑洞外面的一个观测者而言，黑洞那里唯一可测的物理量就是黑洞的质量和自转角动量。在星体死去或星系被撕碎的过程中，可能会形成黑洞，其内部结构的复杂历史则会随着辐射而烟消云散。

"这就是黑洞的神奇所在，"麻省剑桥哈佛–史密斯逊天体物理中心的 Ramesh Narayan 解释说，"如果你测得它的质量和角动量，你在某种意义上就知道了其全部历史。"

自转角动量是了解黑洞本身的一个重要数据，同时，它对于理解黑洞如何影响其周围环境也至关重要。现在，天文学家已经有了多种方法去测量黑洞的自转角动量。

两个数字

尽管黑洞在远观的时候表现得很简单，但是它与其周围涡旋的炽热气体之间却存在着复杂的相互作用，对于一个急速旋转的黑洞而言尤其如此。借助于其强大的引力场，旋转黑洞确实会拖曳着时空随之旋转。

所以，天体物理中心的天文学家 Jeffrey McClintock 说，要想搞清楚黑洞间的相互作用，就必须要从质量和自转角动量开始。

对于一个 X 射线双星系统中恒星级别的黑洞而言，其质量计算当然很直接：天文学家记录下伴星绕着黑洞公转的快慢，从中可以推断出其质量。

事实上，天文学家利用这种方法已掌握了与恒星质量相当的 20 多个黑洞的质量。

不幸的是，这种技术不适用于具有超大质量的黑洞——从百万个到十亿个太阳质量。通常来说，要观察到恒星在围绕着星系中心运转是不可能的，因此科学家恐怕永远不能精确地获知中心那个饕餮般黑洞的质量。

不久前天文学家还不能够测量黑洞的自转角动量。科学家用一个无量纲参数 a^* 来定量表征一个黑洞的自转，该参数的变化范围是 0 到 1：其中 0 表示没有自转，即所谓的 Schwarzschild 型黑洞，而 1 则表示其自转已经快到广义相对论所能容许的极限。

目前已有三种测定 a^* 的技术摆在台面上。天文学家还有第四种招数有待完成，但是需要用到一种新的空间观测站。这对于黑洞研究人员是一个翘首以待的时刻。

图 1 黑洞引起强力喷流的能力源于它周围的气体盘呢，还是因为从巨型飞轮般的旋转黑洞那里吸收了能量？ 理论物理学家就此问题争论了 30 年。但是，想理解这一切究竟是如何发生的，则需要借助于天文学家近年来才有能力实施的天文观测。

连续谱拟合

McClintock 和 Narayan 正在研发一种叫作连续谱拟合（continuum fitting）的新测量技术，其中理论推导和观测数据具有同等的重要性。在他们所研究的 X 射线双星系统中，伴星能够显示另一个具有恒星质量的黑洞的存在。这就使得他们可以对黑洞质量进行很好的拟合——这是他们新技术的出发点。

黑洞的强引力会把邻近恒星的气体剥离下来。被剥离的气体呈螺旋状汇聚到黑洞那里，构成一个围绕着这个不可见天体的炽热等离子体吸积盘。吸积盘的内边缘运动得最快，温度达到两千万 K。

这些炽热的物质会辐射出 X 射线，直到气体抵达最内侧的稳定圆形轨道（ISCO）上。之后，气体坠入黑洞，其速度快至来不及发出显著的辐射。

McClintock 和 Narayan 分析了其 X 射线的全部连续谱，忽略掉个别谱线，从而测算出气体的温度。由此，他们能反推出黑洞的最内侧稳定圆形轨道——其道理在于，气体离黑洞越近，黑洞的引力效应越大，于是气体在轨道上运行得越快，温度则因为摩擦而升得越高。而按照广义相对论的结论，黑洞的最内侧稳定圆形轨道的半径会随着黑洞的自转而变化。

知道了这个半径，天文学家就可以确定黑洞转得有多快。一个质量 10 倍于太阳而不转的黑洞，其最内侧稳定圆形轨道的半径为 56 英里（90 公里）。同样的一个黑洞如果以最快的转速（$a^*=1$）旋转，则该半径将缩为 9 英里（15 公里）。

利用 NASA（美国国家航空航天局）所发射的罗西 X 射线计时探测器（RXTE, Rossi X-ray Timing Explorer）所收集的数据，McClintock、Narayan 及其四个同事确定了三个黑洞的自转角动量。加州大学圣芭芭拉分校的 Shane Davis 则测量了第四个黑洞——GRS 1915+105，它因自转极快而明显区别于前面三个。它每秒钟自转 950 多转，达到了相对论容许最大值的 98% 以上。

马里兰大学的天体物理学家 Chris Reynolds 对此持谨慎态度。他认为基本方法是对的，但对于其中的细节则不太确信。他有个疑问："我们能不能对光谱理解得足够好，以致我们敢说自转的比率是 0.98 而不是 0.95？"

铁的光谱线

McClintock 和 Narayan 忽略了双星的 X 射线谱中的个别谱线，但是其他天文学家却专注于研究其中一个人们最熟知的光谱特征——铁元素的辐射线。由于引力红移效应，这条谱线在黑洞附近会有些模糊。引力红移的成因可以这样解释：气体越接近于黑洞，时间流逝得就越慢。

"一个发光的原子就像一个钟表，"Reynolds 解释说，"当你越来越接近黑洞的时候，辐射光的频率就会越来越低。"通过分析这一谱线，他和其他研究者可以确定引力红移的程度，从而推测出吸积盘向黑洞延伸得有多近。和连续光谱拟合一样，铁的光谱线也能够告诉天文学家最内侧稳定圆形轨道的半径，从而得到黑洞的自转角动量。

迄今为止，天文学家已经把这种方法运用到了螺旋状星系 MCG-6-30-15 中心的黑洞，其质量是太阳质量的一千万倍。其结果是，a^* 被测定为 0.987。换句话说，这个黑洞的自转达到了理论极限的 98.7%。不过，Reynolds 在宣扬这个数字之前，还需要证实自己的的确确看到了该黑洞的最内侧稳定圆形轨道.

黑洞的歌声

另外一些天文学家则利用了这样一个事实：有些具有恒星质量的黑洞至少会在部分时间内"唱歌"：它们辐射出叫作"准周期振荡"的高频"音符"。

振荡频率可以告诉研究者环绕黑洞辐射 X 射线的气体有多热。这一结果接着可以揭示这些气体的轨道半径。如果这样一个半径小于无自转黑洞的最内侧稳定圆形轨道的半径，他们就可以下结论说，黑洞在旋转。

但是，有一个问题。麻省理工学院（MIT）的 Ron Remillard 说："我们仍然不能把这些振荡转换为自转角动量的实际数字。"关于振荡的模型有好多个，不同的模型会得到不同的自转角动量。

不过这个方法还是很有前途的，Remillard 说，"因为这些频率的测定在 10% 的误差范围内是准确的。"而且这些振荡都以成对的频率出现，其频率之比为 3:2（如 450 赫兹和 300 赫兹）。这些频率不会随着时间改变——即

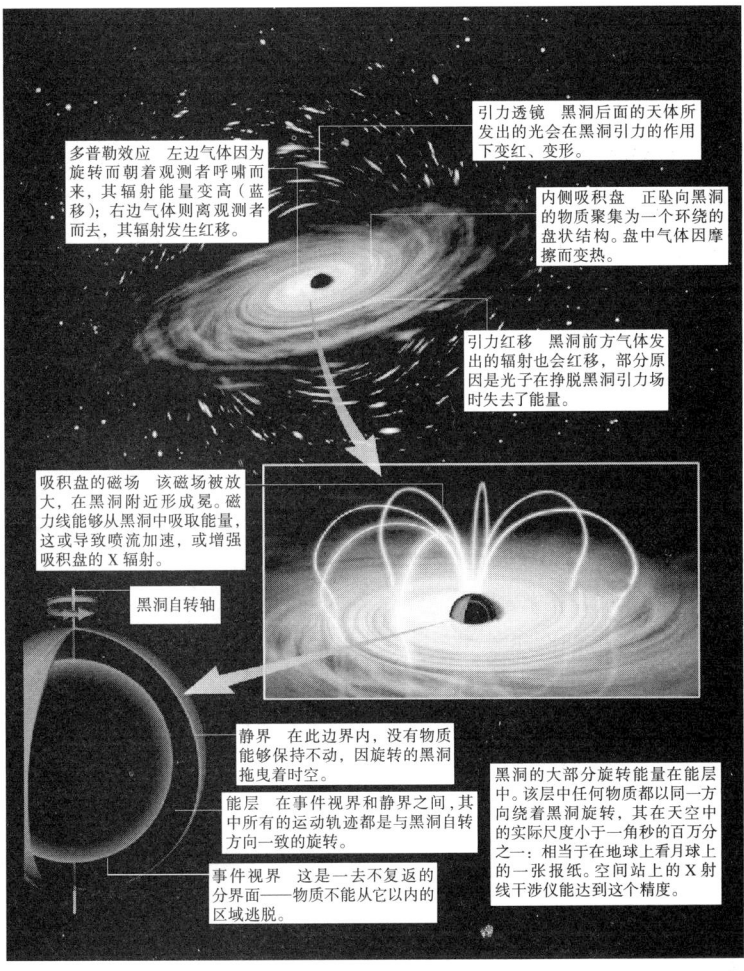

图 2　黑洞解剖学

使黑洞在下一次歌唱之前会沉寂一年甚至更久。

由于有可能进行准确而清晰的测量，McClintock 说，"一旦我们有了一个模型告诉我们究竟有哪些振荡，这将是得到自转角动量的最好的方法。"

借助于极化

第四种技术则是利用 X 射线的预期的极化。这些 X 射线来自正在吸积的黑洞系统。黑洞附近时空的曲率以及黑洞旋转造成的扭曲都会导致电磁波的取向发生某种偏好。Reynolds 解释说，原则上，"假如你知道射线源的极化——当然，这实际上是根本就不清楚的——黑洞的自转角动量会在极化信号中显示出来的。"

"这是有待开发的一块处女地，" Goddard 空间飞行中心（位于马里兰，隶属于 NASA）的 Jean Swank 断言，"这些 X 射线中的光子携带了从未被研究过的额外信息。"

这一技术的最大问题是，它需要在空间观测中实现，而用于测量黑洞的极化 X 射线的空间项目尚未在计划之列。NASA 的科学家们希望把一个极化探测器安装到"星座 X"（Constellation-X，NASA 提议的下一代 X 射线观测台）上。但是，这个项目本身前途未卜。

"我们会令这四种技术都建立起来，" McClintock 说，因为角动量的计算相当复杂：每一步计算都会掺杂着诸多假设，不确定性会在每一个阶段潜伏进来。"但是，一旦你通过多种技术手段得到了相同的答案，你就会明白，你已经得到答案了。"他说道。

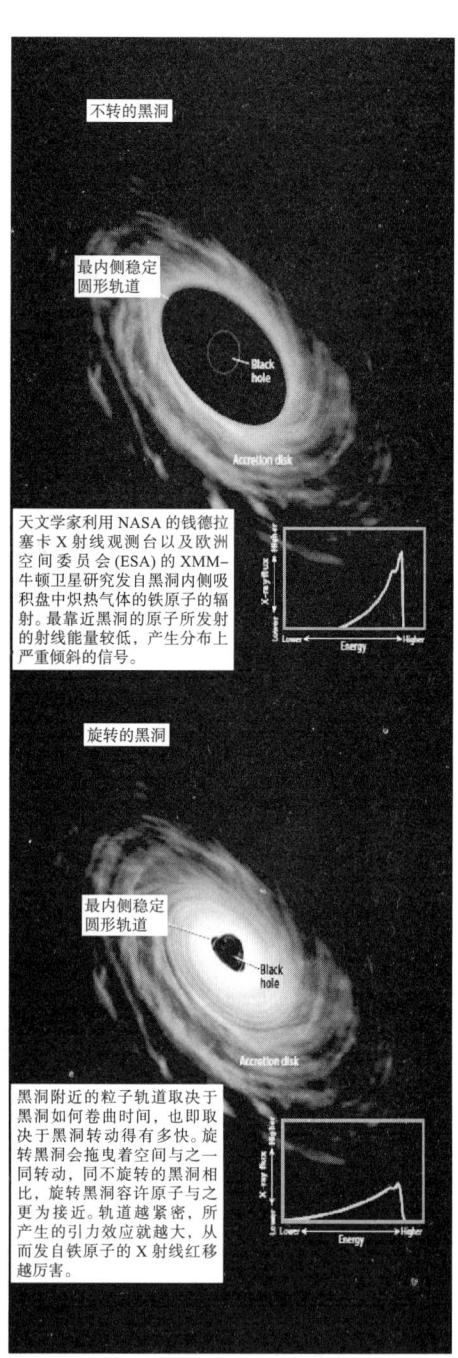

天文学家利用 NASA 的钱德拉塞卡 X 射线观测台以及欧洲空间委员会（ESA）的 XMM-牛顿卫星研究发自黑洞内侧吸积盘中炽热气体的铁原子的辐射。最靠近黑洞的原子所发射的射线能量较低，产生分布上严重倾斜的信号。

黑洞附近的粒子轨道取决于黑洞如何卷曲时间，也即取决于黑洞转动得有多快。旋转黑洞会拖曳着空间与之一同转动，同不旋转的黑洞相比，旋转黑洞容许原子与之更为接近。轨道越紧密，所产生的引力效应就越大，从而发自铁原子的 X 射线红移越厉害。

图 3　不转的黑洞与旋转的黑洞

前尘往事

天文学家对自转感兴趣并非仅为自转本身。他们坚信自转是许多长期困扰着他们的疑难问题的关键点。比如说，它可以告诉我们，黑洞是如何形成的，又是如何成长的。

"自转保留了所有这一切的记忆，"Reynolds 说。自转角速度的测量还可以帮助研究者验证他们对于某种现象机理的想法是否正确。这一类现象包括天体物理喷流和伽马爆。

仅就驱使强烈喷流从黑洞中发射出来的机理而言，这就已经是一个持续了至少 30 年的未解之谜。"长期争论不休的问题是，驱动喷流以及其他现象的力量究竟来自黑洞还是吸积盘，"Roger Blandford 解释说。他是斯坦福大学的天体物理学家，从 20 世纪 70 年代就开始研究这个问题了。尽管其他人不同意，Blandford 仍然认为这种力量来自黑洞旋转。旋转着的黑洞如同一个"巨大的飞轮，从中可以汲取能量。"他说道。

对于 McClintock 而言，这个说法还挺像回事。"有可能喷流是由这些黑洞的势不可挡的旋转驱使的，"他说，"但是，除非你对自转进行测量，否则你不能验证这个理论。"这是他坚持要有一大批无懈可击的测量的原因。GRS-1915 就提供了一个很有吸引力的例子：它的有名的喷流以大约光速 92% 的速率在空间中飞沙走石，而它的自转依照估算则接近于理论上的极限。

"你确实要测量一大批喷流黑洞的自转，"空气推进实验室的 David Meier 说，"你要查看这些自转快慢不一的黑洞，查看喷流强度的分布，然后寻得一个关联样式。"好消息是，Meier 说，我们或许很快就会着手去做这件事情了。

喷流与伽马爆

自从人造卫星于 1969 年首次探测到伽马爆（GRB）以来，它就对理论家提出了挑战。今天的主导性理论都认为，伽马爆产生于大质量星体的核心坍缩为快速旋转黑洞的过程中。

天体物理中心的 Narayan 说，直到最近对诸如 GRS-1915 或者 MCG-6-30-15 这样的天体进行了测量之后，"我们才确认这种天体的存在。基于目前所收集的少得可怜的一些数据，似乎快速旋转的黑洞还相当普遍。"

加州大学 Santa Cruz 分校的天体物理学家 Stan Woosley 同意这一点："我们总是认为，大质量星体在坍缩的时候一定会快速旋转，但是长期以来我们也只不过是如此猜测而已。"在某些模型中，相关的恒星核心经常转动得不够快,不足以产生伽马爆喷流。"如果最终有一些观测可以利用,那就好了。"他说。

一旦天文学家收集了很多可信的自转数据,就可以用来检验广义相对论。这种检验是前所未有的——因为这是在宇宙中最强的引力场中发生的现象。

"如果有令人惊愕的事情,如果爱因斯坦错了,那么找出端倪的办法之一就是在自转数据中去挖掘。"Reynolds 说。天文学家们声称,NASA 所提议的星座 X 观测台可以提供足够的解析度来检验相对论。

图 4 NASA 所提议的星座 X 观测台,将用四台 X 射线望远镜联合工作。其测量结果的灵敏度会百倍于当前在轨的钱德拉塞卡 X 射线观测台(隶属于 NASA)或者 XMM 牛顿卫星(隶属于 ESA)。如果能在 2009 年获得经费支持,星座 X 将于 2017 年发射升空

与此同时,精确的自转测量也应该可以对黑洞"无毛"定理本身加以支持。Narayan 解释道,如果多种方法都得到同样的答案,那将证实这样的观念:质量和自转角动量告诉了一个给定黑洞的所有一切。

这是一个非凡的想法。"试想一下,大自然中的任何其他事物——例如简单的一粒盐——该如何描述,"McClintock 说,"你需要用到数不清的数字去刻画所有原子的位置以及状态。"

再不然,你想象一下远观地球的情形。从很远的地方看去,你唯一能够探测而且也唯一重要的事情就是这颗行星的质量。"可是当你离它越来越近的时候,你会看到海洋、山脉、树木,还有人。"Narayan 说。你将需要一个长长的数字清单来描述它的方方面面。

而黑洞则不然。我们永远都不会直接看到它们。相反,感知它们需要间接手段——通过它们的强引力场以及快速旋转所造成的效应。质量和自转角动量可以将科学家带近到黑洞的深渊面前。

编者按:本文译自 The secret lives of black holes; by Steve Nadis; in Astronomy, November 07: 28−33。

邻居的秘密

—— 天文学家能否通过研究临近的星体来了解宇宙的起源和命运?

Steve Nadis

译者：吴小宁

因特网让宅男们坐在舒适的转椅上就能探索整个世界。当代天文学家发现自己也处于类似的处境：即他们可以通过研究与我们相邻的（即银河系中的）星体，来探究宇宙的一些关键性问题。这是另外一种探索遥远过去的方法——称为零红移的宇宙学，它可以提供那些用传统的方法——观察远至宇宙边界的过去时间——所不能获取的信息。

正如密歇根州立大学的天文学家 Timothy Beers 所建议的，这种"通过星体研究宇宙"的技巧是，选择位于银河系边缘或称银晕（银河系中远离星系盘的恒星形成的区域）中的老年恒星。这些恒星化石的年龄大约有 130 亿年或更老，它们当中包含着关于早期宇宙的元素合成的线索。这些元素的相对丰度可以告诉我们关于这些最古老的恒星、它们形成时期的环境、在它们生命的终点通过第一批超新星爆发所形成的产物等信息。

寻找古老恒星只是问题的一个方面。另一个方面是确定光谱中存在放射性元素钍和铀的恒星的位置，这些放射性元素经历了极长时间的衰变。这样天文学家们就可以使用类似于在地质学与考古学中使用得极为成功的碳-14 测定年代的方法。不同的是，天文学技术必须用到的样本离开我们有几千光年的距离却已经历了数十亿年（并非仅数千年）的衰变。这种方法可以确定古老恒星的年龄，从而确定星系和宇宙年龄的下限。

"我们希望能够说'这就是发生于宇宙开始的第一个十亿年的事情'，"Beers 说，"现在，许多事情还没有校准，但我们很快能给出一个时间表。"利用恒星测年方法，也被称为"宇宙测时法"，天文学家希望可以了解并解答一些基本问题，比如：化学元素是从哪里来的？它们是何时产生的？是怎样产生的以及是什么东西构成了它们？"如果你对生命的起源感兴趣，"Beers 说，"你就需要理解产生生命所必需的那些元素的起源。"

在它能够解答这些基本问题之前，宇宙测时法还有很长的路要走。目前，用这个技术估算出的年龄还是很粗糙的，尽管观测家、理论家和实验室中的研究人员已经取得了一些进展。

进入银晕

对于一些被称为"贫金属银晕恒星"（low metal halo star）的观测近年来激发了一大批这方面的研究。天文学家通过精细的光谱测量方法辨认出这些贫金属恒星，它们之中包含目前观测到的最古老的恒星。这些光谱揭示了恒星的"金属含量"——即核子数大于氦的元素的含量。主要想法是：在宇宙大爆炸刚结束之后，可供形成恒星的元素只有氢、氦和极少量的锂。铍和硼是经由宇宙射线而产生的，其他重元素，从碳到铀，都是通过恒星内部的核过程而产生的。

自从第一代恒星产生以后，宇宙逐渐变得丰富多彩。为了找到最古老的恒星，研究者们寻找具有最低金属含量的恒星。目前观测到的金属含量最低的一颗恒星，HE0107-5240，其金属含量仅为太阳的20万分之一（这是基于这个领域中的标准度量：铁含量与氢含量的比值）。

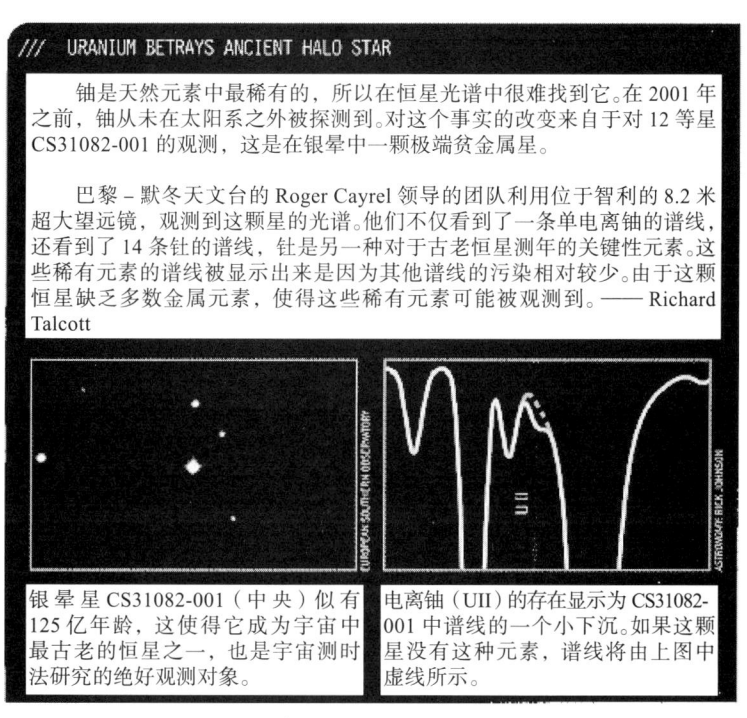

图1 铀元素暴露了古老的银晕星

研究者们现在对于如何从一堆错综复杂的谱线中辨认出某种元素变得越来越熟练。例如得克萨斯大学的天文学家 Christopher Sneden 和他的同事测到了恒星 CS 22892-052 中 57 种元素的丰度——这是除太阳外的恒星中观测到元素种类最多的一次。这个例子告诉我们这种方法目前可以做到什么地步。

从恒星光谱来确定元素丰度是一项非常复杂的技术。这一工作的出发点是标准的吸收谱线：原子从光线中吸收掉特定波长的辐射能量，从而在光谱上留下暗的吸收线。每种原子都产生独特的光谱图样。天文学家们还依赖于给定温度和金属含量的恒星谱线模型。"这个模型告诉你本来应该看到的谱线——即光谱模板"，Beers 解释道。研究者们接下来对比模型预言的吸收谱线强度与观测结果，由此推断出光谱中被吸收的光子数，进而得到元素丰度。

对于时间测量，被测量的元素越多，效果会越好，但是钍和铀的谱线对于我们格外有帮助。选择正确的放射性同位素作为你的"钟"是非常关键的，因为你不希望该同位素衰变得太快。在宇宙学中，时间尺度非常大，精确的测量需要被测元素有足够的数量来维持数十亿年的衰变。钍-232 的半衰期为 141 亿年，铀-238 的半衰期为 45 亿年，它们当然是非常合适的。

在 2001 年，巴黎-默冬天文台的 Roger Cayrel 和他的同事们一起公布了第一个关于贫金属星 CS31082-001 中元素钍和铀的测量结果。之后，又有另外两颗星的可识别的钍和铀谱线的报告。Sneden 说，"同时获得一颗恒星的钍和铀丰度的重要性怎么评价都不为过。"因为钍和铀有着不同的衰变率，钍-铀丰度的比值的变化是可预知的——这使得它成为恒星年龄的一个灵敏的指示器。

一般的方法是测量目前恒星内钍和铀的相对丰度，再与原始丰度比来对比。知道了这两个丰度比的差异以及这些元素衰变速度，天文学家可以很容易推断出恒星的年龄。然而，弄明白原始丰度比远不是一件简单的事情，这关系到重元素起源的问题——一个宇宙学中长期的未解之谜。

元素的产生

天文学家们基本可以肯定，恒星核心部分发生的核聚变过程产生了从碳到铁的元素，而更高原子序数（30 以上）的元素则是通过"中子俘获"过程形成的。

在这个过程中，一个原子核吸收了一个外来的中子。这并未改变该原子核的元素种类——元素种类是由原子核中的质子数（即原子序数）决定的。然而，中子俘获后接着会产生 β 衰变，它是一种放射性过程，导致一个中子转变为一个质子、一个电子和一个反中微子。其中电子和反中微子被辐射出去，而质子则留在原子核中。

中子俘获一般认为有两种形式，一种比较慢（s-过程），一种比较快（r-过程），其中快慢是与新核发生 β 衰变的时间相比较而言的。通过上述两个过程合成的元素种类大致是一比一。

s-过程在 83 号元素铋之后就关闭了。所有更重的元素，包括钍和铀，都是由 r-过程产生的。r-过程产生了银河系中第一批重于铁的金属，即最古老恒星中观测到的那些。s-过程的元素要在星系演化中晚一些才出现。

s-过程的模型是比较完美的。"这是因为对于该过程我们所处理的原子核都是稳定的或者有很长的半衰期，"俄克拉荷马大学的天文学家 John Cowan 如此解释，"我们能够花几十年的时间在实验室里测量它们的性质。"

与此相反，r-过程还包裹着神秘的外衣。那些通过该过程产生诸如钍和铀元素的极度不稳定的原子核是非常奇异的，据密歇根州的物理学家 Hendrik Schatz 讲，这些元素目前还不能在实验室中制备，"我们对于它们的性质几乎一无所知。"

研究者们还需要在天文学上确认这些 r-过程元素是在哪里产生的。中子星的融合过程曾经是主要候选者，但现在理论专家认为融合过程过于缓慢，与目前对于贫金属星的观测不符。

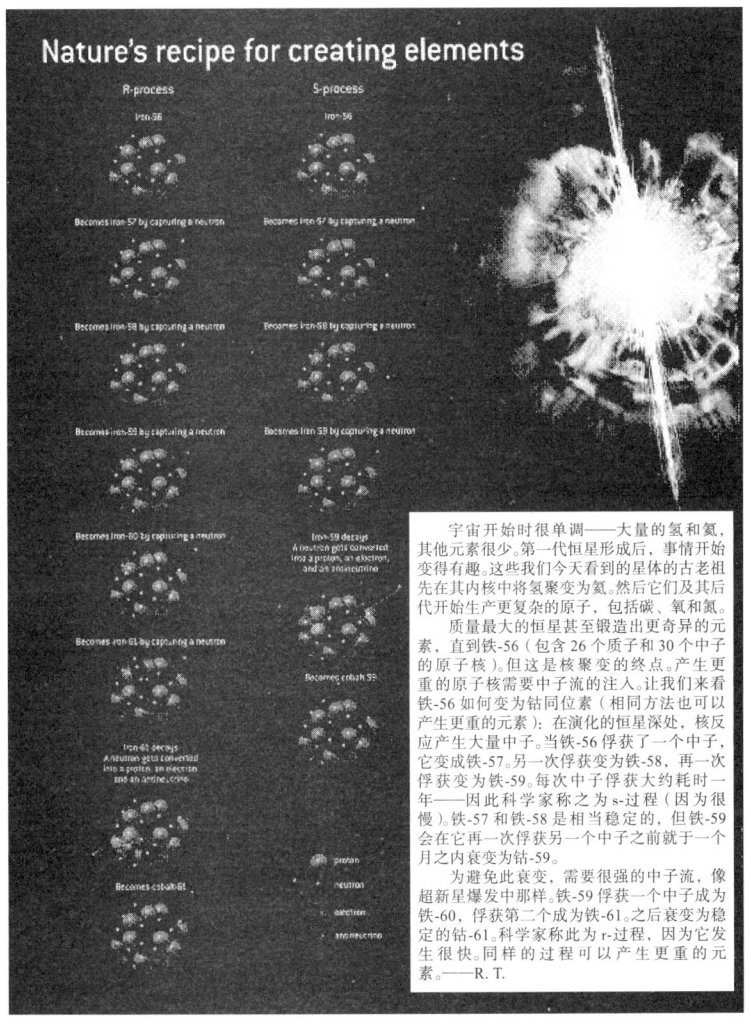

图 2　创造元素的宇宙配方：铁-56 变为钴同位素的 r-过程（左列）和 s-过程（右列）

Cowan 认为，目前最好的猜测是 r-过程通常发生于超新星内部，"但是在超新星中的具体位置目前无法确定，因为我们不了解超新星爆发的细节。"这个猜测目前依然有很多问题：形成超新星爆发的恒星质量是多少？在星体塌缩后，触发超新星爆发，r-过程的物质在哪里形成并被喷射出来？为维持 r-过程，到底需要多少中子？

尽管有这些问题的困扰，天文学家们依然努力地构建了 r-过程的理论模型，而该模型的效果出乎意料地好。为了避开爆发的细节，研究者们把他们的计算与超新星分离开。"本质上说，我们假设在宇宙中某处有大量中子产生，"Schatz 解释说，"我们取一个种子原子核，比如说铁核，然后去猜测可以产生我们今天所看到的成比例出现的所有稳定元素需要的中子流以及其他条件。"

下一步是精确确定这个模型预言可以产生多少钍和铀。这样估计出的元素丰度就可以用来作为测时法的出发点。

关于古老恒星的踪迹

根据这种方法，Cayrel 团队估计出 CS31082-001 的年龄为 125 亿年，误差为正负 3 亿年。Sneden 团队估计出 CS22892-052 的年龄为 142 亿年（正负 3 亿年）。

当然，恒星年龄不可能比它所在星系或者宇宙的年龄还大。这意味着，如果从宇宙测时法得到的估计可信，它就给出了星系以及宇宙年龄的一个下限。

恒星测年方法有着潜在的优点，因为它基于直接的观测，与基于宇宙微波背景辐射的研究如 Wilkinson 微波各向异性探测器（WMAP）所做的年龄计算是完全独立的。Cowan 说，"从测时法得到的宇宙年龄与你对宇宙学所做的假设无关。"

目前，测时法给出宇宙年龄大致在 130～140 亿年——这与 WMAP 所给出的结果一致，使得这一领域的实际工作者很安心。但是正如哈佛大学的天文学家 Lars Hernquist 所说，关键在于该方法并不是仅仅单纯给出了一个像宇宙年龄这样的数字。"WMAP 给了我们关于宇宙的平均性质的精确测量，但它并没有告诉我们在宇宙微波背景辐射被释放以后事物是如何演化的，"Hernquist 说，"与此不同的是，宇宙测时法可以提供细节，描述恒星的历史和星系的形成。"

根据芝加哥大学宇宙学家 Jason Tumlinson 的说法，测量古老恒星的元素丰度比为研究宇宙中第一代恒星的大小提供了强有力的线索。Tumlinson 及其同事在 2004 年所做的分析认为，目前已知最古老的恒星，其元素种类因

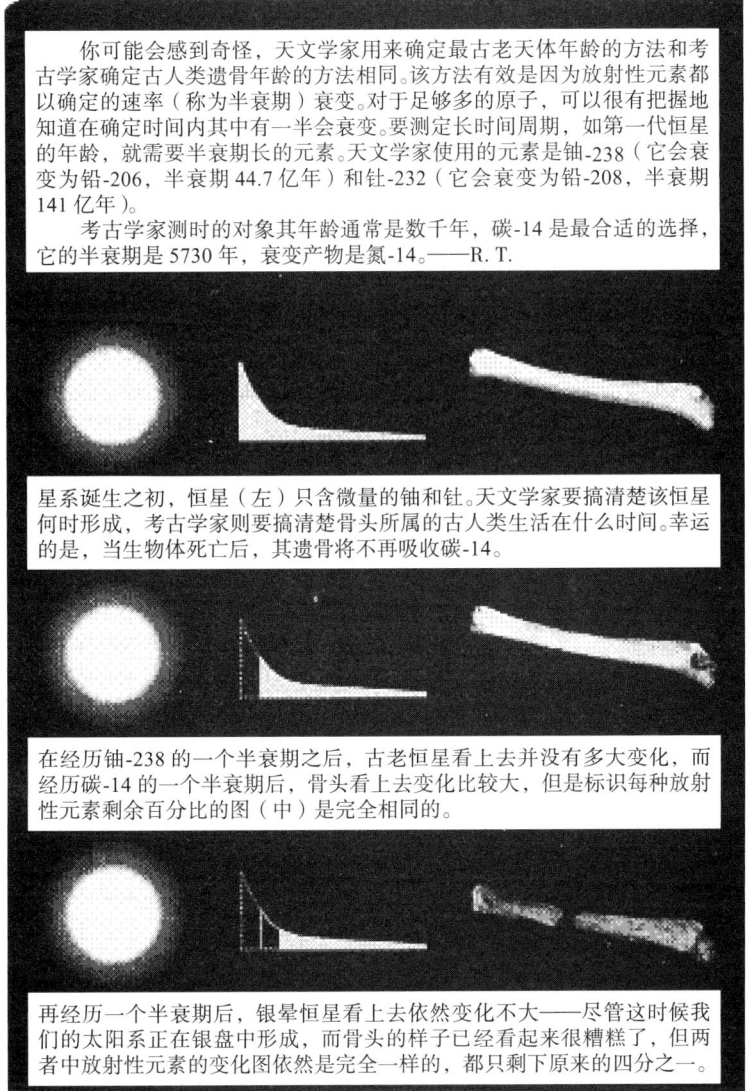

图3 古骨与古老恒星：遗物测龄

为超新星爆发而变得丰富，这些超新星的祖星质量约为 10～140 个太阳质量。Tumlinson 说，这个模型与 WMAP 的结论以及最近银晕中星体的观测结果符合得很好。

根据 Hernquist 的说法，精确了解第一代恒星的形成时间还有助于了解暗物质的性质——这是一种神秘的物质，占宇宙总质量的四分之一左右。

如果暗物质粒子与质子一样重并且运动缓慢（冷暗物质），那么恒星会形成得更早。如果暗物质粒子较轻且运动较快（温暗物质），那么恒星会形成的较晚。Hernquist 说，WMAP 不能区分这两种情况，但对贫金属星的年代测量也许可以。

然而，测时法还不能对这样一些问题提供清晰的线索，除非天文学家们能大大降低该方法的系统误差——目前的误差幅度是 30 亿年。Schatz 说道，大约一半的不确定性来源于观测，另一半来源于理论。就理论来说，最大的不确定因素是由于我们对 r-过程所知甚少。

未来就在眼前

Schatz 希望通过在密歇根州立大学的国家超导回旋加速器实验室（NSCL）的实验和更加雄心勃勃的设备——稀有同位素加速器（RIA），该设备定于 2012 年投入运行——的实验取得进展。NSCL 上的高速核对撞可以产生较轻的 r-过程元素，但 RIA 上高强度的束流应该可以产生 r-过程元素的大部分。Schatz 认为"这样可以将多数 r-过程建立在牢固的实验基础之上。"虽然 RIA 还是不能产生钍和铀的直接祖先，他承认"依然需要一些经验外推"，"但是跳跃的间隙会小很多。"

在观测的终端，天文学家们正在彻底搜查银晕来寻找更低金属含量的恒星，最理想的目标是含有比较强的钍和铀谱线的恒星。目前主要的光谱测量还是集中于可见光部分，但是 Cawon 相信紫外的观测将是非常重要的。这也是为什么他、Sneden 和 Beers 建议将对紫外观测很敏感的哈勃空间望远镜对准银晕恒星。

测时法到底可以有多精确？WMAP 团队声称宇宙的年龄是 137 亿年，精确到 1% 以内。"我不认为在可预见的未来我们的精度可以接近 1%"，Cowan 说，"但依然有可能做出显著的改进。"在某种程度上，这是一个数字问题：一旦有了大量银晕恒星关于多种金属元素的分布情况，测时法将会给出可靠的年龄估计。

目前，这一领域的研究者只有有限的数据可以利用，但是 Beers 预期闸门很快就会被打开。到 Sloan 数字巡天系统（SDSS）建成时——预计在 2005 年或延迟到 2008 年——他和他的同事将可以得到 5 万颗星的光谱数据，其中约 5 千颗可能是古老的贫金属星。

更进一步地，Beers 和其他人提出了 SDSS 的后续计划，称为星系基础结构和演化的 Sloan 扩展（Sloan Extension for Galactic Underpinnings and Evolution）。在 2 年内，这个计划会引起恒星天文学革命性的变化，通过它人们将获得约 25 万颗恒星的光谱，其中包括 5 万颗贫金属星。

一旦天文学家们获得数千颗银晕恒星的经过处理的光谱测量数据，好戏将会真正开始。更重要的是，一个更为清晰的图景将会呈现出来。

Beers 说，宇宙学很大的一个方面就是弄明白宇宙是如何构成的以及这些元素是从哪里来的。"这个故事目前还不令人满意，因为它没有一个开头。

为了能更好地进行宇宙测时,科学家们需要对 r-过程有更深的了解。美国国家超导回旋加速器实验室制造出很多稀有的 r-过程原子核。主要的技术是:把稳定的原子核加速到 60% 光速,然后轰击一个靶,它能把原子核碎裂成稀有的同位素。——R. T.

国家超导回旋加速器实验室的 A1900 分离器可以产生较轻的 r-过程元素,以帮助科学家了解这个重要的过程。

图 4 原子核撞击实验

我们希望知道现在我们看到的一切是怎么来的。"如果 Beers 和他的同事是对的,这个答案应该来自对于贫金属星的研究。

Tumlinson 说,"我们附近的恒星可以向我们透露宇宙早期的信息,这是大自然给予我们的一份求之不得的礼物。"很容易想象,没有任何一颗从宇宙早期生存下来的恒星不给我们留下一些直接的证据供我们考察。尽管我们很幸运有这样的恒星做我们的邻居,但揭示它们的奥秘不是靠运气,而是依靠人类的聪明才智。

编者按:本文译自 Neighborhood secret; by Steve Nadis; in Astronomy, Jun 2005, 33(6): 46−51。

黑洞是什么？

埃里克·科里尔

译者：赵 伟

> 埃里克·科里尔（Erik Curiel），路德维希—马克西米利安大学，慕尼黑数学哲学中心研究员；哈佛大学，黑洞原创研究中心研究员；史密森天体物理观测站，无线电与地球天文学部研究员。

一、提出问题

黑洞是什么？这看似是一个奇怪的问题。然而考虑到黑洞对于当今物理学几乎各分支领域理论研究的重要性，关于它的认识与理解岂可存在不确定性？黑洞是几乎所有理论研究的核心对象，从光学到固态物理、超流、普通流体力学，从热力学到高能粒子物理、天体物理学、宇宙学、经典引力理论、半经典引力理论和量子引力；当然，黑洞在很大程度上也是天体物理学的主要观测对象。这个事实也许揭示了前述不确定性的部分答案：关于唯一、正统的答案本身并没有太多不确定性，倒是问题本身有太多出色的可能解释，且彼此之间并不一致。这也正是此问题的引人入胜之处。其他物理系统几乎不具备如此重要的作用，关于它的定义尚且存在如此多的方式，且每种定义都有其令人欣喜和不尽人意之处。贝特丽丝·邦加（Beatrice Bonga）是一位研究引力辐射、早期宇宙学和量子引力现象学的理论物理学家，曾极妙地总结了上述情况（来自个人通信）："您所提出的问题虽然仅五个字，却出乎意料地难以回答，且显然无法用五个字来给出答案。"（从此处开始，当引用某人的话而未给出引文，那么都是来自个人通信。）

此问题本身不仅复杂、有趣，且对于实践和基础研究是很重要的。存在如此多潜在、可能的答案，且依赖于自身独特的定义，领域相互之间几乎得不到认可，反而混淆了理解。事实上，当最初深入思考这个问题时，我就屡次发现：关于黑洞的最基本观点，物理学家之间的看法并不一致。随后我开始追溯上述不一致性的起源，主要是由于不同领域（甚至同一领域的不同子领域，比如弯曲时空量子场论的不同处理方法）的物理学家习惯于用他们自身关于黑洞的定义,这并不利于与其他物理学家之间的交流。物理学中不同领域之间相互交流时,无论是解释理论工作,或是具体的观测工作,抑或是基础的思索,总会伴随交流上的困难。

多种可能的定义所产生的问题对于基础研究格外重要,霍金在其开创性的工作 [1,2] 中指出:当考虑量子现象时,黑洞会如同一般黑体一样,产生热力学辐射。这个发现揭露出当前最根本、最深刻的三种理论——即广义相对论、量子场论和热力学——之间存在前所未见的深刻内在联系。事实上,强引力场下的黑洞热力学及相关量子场论的结果无疑是理论物理学中最为广泛接受的、最令人信服的结论,这些理论一起交织成目前看似丰富和谐的理论框架[1)]。

尤为引人注目的是,完全没有实验或观测依据来支持其中的任何一个理论。事实上,不存在通往此领域的经验性路径,只能寄希望于这些现象能明显地自我呈现。此外,这些结果源于同时考虑广义相对论和量子力学,虽然它们在各自领域都已得到认可和证实,但两者之间明显在概念及许多方面是矛盾的;用全新的方法将二者融合只能依靠物理直觉(甚至不同物理学家之间也完全不同),且没有任何经验性的知识可以借用。然而,伴随着许多其他问题,我们还未深入理解的是:将热力学性质赋予黑洞可能意味着什么 [6]。如果认识到这个特性就如同黑洞自身的观点一样模糊不清,问题会变得更加严重。尝试用信息丢失佯谬 [7,8] 来解决这些基础问题也会陷入同样的境遇。既然广泛认可的是,黑洞热力学将是通往量子引力的最佳路径,那么精确地掌握这些线索将大有裨益。因此,我们理应了解黑洞是什么。

二、过往历史

在深入了解不同可能答案的细节和差异之前,简单回顾一下黑洞从 20 世纪 60 年代提出到被物理学界接纳的历史是很有帮助的[2)]。值得思考的是,关于黑洞概念的不同理解竟会导致完全不同的结论。

20 世纪 60 年代,伴随着微分拓扑学和相对论时空全局结构的几何学的新奇技巧的出现,不再拘泥于特殊的解且不依赖于高对称性假设,在彭罗斯(R. Penrose)、霍金(S. Hawking)、杰勒西(R. Geroch)、伊斯雷尔(W.

[1)] 今天也许没有多少人注意到:当时的广义相对论专家们纵然深知黑洞的重要性和存在性,他们之中仍有人对刚发表的霍金关于量子黑洞辐射的论证提出了激烈的反对意见 [3]。两年后,在其他与传统量子场论 [4,5] 更自洽的推导方式出现后,霍金的结果才得到广泛的认可。

[2)] 感谢比尔·安鲁(Bill Unruh)和鲍勃·沃尔德(Bob Wald)回忆相对论学家 20 世纪 60 年代和 20 世纪 70 年代关于黑洞的态度与看法,感谢阿维·勒布(Avi Loeb)、拉梅什·纳拉扬(Ramesh Narayan)和我讨论当时天体物理学界接受黑洞概念的情况。如果想了解 20 世纪 60 年代之前爱因斯坦方程的黑洞解的有趣过往,可以参考 Earman 和 Eisenstaedt 的相关工作 [9,10]。

Israel）和卡特（B. Carter）等人的努力下，关于广义相对论的认识与理解历经了一场革命。这项工作主要源于物理学家尝试理解奇点的形成以及诸如星体等大质量物体在引力坍缩中时空因果结构的演化。它的核心在于将黑洞的经典定义归为事件视界（一个可视边界，此处物体理论上可以逃逸到无穷远处）。彭罗斯、霍金和杰勒西著名的奇点定理，伊斯雷尔和卡特等人的无毛定理，彭罗斯提出的宇宙监督假设，引力坍缩过程中形成的捕获面（类似于事件视界）以及经典广义相对论的其他结果，共同奠定和塑造了我们关于相对论时空的理解。

对于涉足经典广义相对论的物理学家而言，例如普林斯顿大学的约翰·惠勒（John Wheeler）研究组和剑桥大学的丹尼斯·夏玛（Dennis Sciama）研究组，这是令人陶醉神往的。按照当时这些研究组的活跃参与者的观点，所有人毫不怀疑黑洞是什么以及它的存在性。

对于 20 世纪 60 年代的天体物理学和传统宇宙学而言，情形则全然不同。对于是否将黑洞当作真实的物理存在，曾有过激烈的争论。对于大多数物理学家而言，黑洞太奇异了；根据相对论学家的定义，黑洞是一个全局性物体，需要了解时空的整个结构来刻画它（下面将更详细地阐述这一点）；而定域性物体仅通过局部的观测现象就可以确定，这正是天体物理学最基本的方法。例如，温伯格（S. Weinberg）[11] 在他关于广义相对论和宇宙学的经典著作中强烈地表明：黑洞与理解致密性的宇宙学对象（例如类星体）无关；即使他引用了彭罗斯关于捕获面形成的观点，而对现实星体将坍缩至史瓦西半径却持有强烈的反对意见；此外，对于史瓦西黑洞的事件视界内部与理解坍缩有关，他则全然置之不理。

客观来讲，并不仅仅是相对论学家关于黑洞的奇异定义让天体物理学家和宇宙学家驻足不前。温伯格关于现实星体将坍缩至史瓦西半径这一观点的批判主要基于一个合理的认识：我们对于致密性物体的物理细节了解甚少，以致无法确定坍缩的物体是继续坍缩，还是会因为某种未知的量子现象或磁流体动力学不稳定性而在坍缩至史瓦西半径之前爆裂开。关键是，天体物理学家和宇宙学家所理解的黑洞是由坍缩所形成的一个局部紧致空间，任何事物都无法逃逸；然而，黑洞不单单与传统的坍缩现象有关。十亿个太阳质量般的标准密度水所形成的球体将会位于史瓦西半径之内3)（当然一旦聚集，水会因自身引力迅速坍缩，但那并不重要）。关于这一点，鲍勃·杰勒西（Bob Geroch）提出了一个较为可信的方案：如果银河系中所有的星体彼此保持距离而向银河系中心逐渐聚集，那么远在它们碰撞之前就已经汇聚

---

3) 这种类似的推理自 18 世纪已为物理学家所熟知，并不是说一个巨大物体会坍缩至自身的史瓦西半径，而是说某处若存在足够大的质量，将产生一个强大的引力，以至于任何物体都无法通过已知的物理过程逃逸此处，即使光也是如此 [12,13]。

至史瓦西半径之内。将黑洞定义为事件视界，以及在经典坍缩过程中自引力（self-gravitational force）覆盖任何可能的量子或磁体动力学现象，再加上彭罗斯关于一般坍缩过程中所形成的捕获面，相对论学家对于黑洞的存在深信不疑。

这是一个非常宽泛和粗略的描述，许多天体物理学家和宇宙学家并不认可。早在 1964 年，埃德文·萨尔皮特（Edwin Salpeter）和雅科夫·泽尔多维奇（Yakov Zel'doviĉ）各自独立地指出，位于星系中心的超大质量黑洞所吸积的气体可能是造成类星体发射巨大能量以及观测到的光度变化较大的原因。不存在从黑洞中提取能量的详细机制，而且物理学界对此并未达成一致，然而要找到除引力之外的其他原因来解释类星体巨大能量输出是非常困难的。尽管如此，许多物理学家拒绝接受像黑洞一样奇异物体的存在。

20 世纪 70 年代早期，唐纳德·林登－贝尔（Donald Lynden-Bell）提出，在银河系中心存在一个超大质量黑洞。莫斯科的泽尔多维奇研究组，林登－贝尔研究组以及英国剑桥的马丁·里斯（Martin Rees）研究组各自独立地得到类星体和 X 射线双星的具体理论吸积模型。里斯在 1966 年已经指出，黑洞周围物体的相对论运动可能导致观测到的星系核的快速变化。不久之后，相对论学家和天体物理学家伊戈尔·诺维科夫（Igor Novikov）和基普·索恩（Kip Thorne），在林登－贝尔、尼古拉·沙库拉（Nikolai Shakura）和拉希德·苏尼亚耶夫（Rashid Sunyaev）早期的工作基础上，得到黑洞周围的薄吸积盘模型，用以解释类星体的能量输出。基于观测事实，天体物理学家意识到某个大质量而紧密的物体位于类星体的中心，但是仍然无法接受它就是黑洞。诚然，当时的标准模型是黑洞吸积模型，但是黑洞的奇特本性让许多天体物理学家感到不安；然而，并没有其他候选者来代替黑洞。20 世纪 70 年代的研究成果表明中子星的质量存在一个上限；然而，20 世纪 80 年代的一系列观测结果表明：类星体中心物体的质量远大于这个质量上限，且位于一个极小的空间内；越来越多对黑洞持有怀疑态度的人开始转变观念，因为没有其他的理论模型可以很好地解释这一切[4]。20 世纪 70 年代早期有关天鹅座 X-1 和其他 X 射线双星的观测，也为黑洞的存在提供了依据。客观地说，直到 21 世纪初期，物理学界才对黑洞的存在和相关性达成某种程度的一致；一个明确的证据是，银河系中心的人马座 A* 存在一个超大质量黑洞，这是莱因哈德·根策尔（Reinhard Genzel）和安德里亚·盖孜（Andrea Ghez）长达十年的红外观测得到的结果。

---

[4] 然而有趣的是，直到 20 世纪 80 年代，鲍勃·沃尔德在访问芝加哥大学时不得不警告天体物理学家和宇宙学家，因为他们将黑洞描述为"奇特解"，而这会打断钱德拉塞卡（S. Chandrasekhar）的讲话。

三、潜在答案

圣·奥古斯丁（Saint Augustine）在《忏悔录》（Confessions）中有句名言："Quid est ergo tempus? Si nemo ex me quærat, scio; si quærenti explicare velim, nescio."（时间是什么？当没人问我时，我很清楚；而当别人问我时，我却不知如何解释。）时间如此，黑洞亦如此。我相信大多数物理学家知道黑洞是什么，而突然被问及黑洞的定义时却不知所措。在准备这篇论文的过程中，我是这样做的：提出这个问题，横跨许多领域，没有任何警告或背景，无论是年轻还是年长的物理学家，刚起步研究或是已经声名在外的理论家和实验家，都是如此。结果令人吃惊且眼界为之一新，不仅是因为我所得到的一些结论，更多的是问题本身所引发的困惑和思索。

我将详细讨论这些可能的定义。然而在深入之前，粗略勾勒一下大致情况会是非常有益的。客观而言，如果具备相对论的知识与背景，即使对经典的因果定义不满意，它依旧会浮现于脑海之中。如果具备粒子物理学背景或在相关领域工作，例如研究量子引力，那么可能认为黑洞是某种特定量子场的激发态，抑或是一个具备最大熵的系综或混合态，否则根本没有更好的定义。如果主要致力于半经典引力研究，假定一个量子场传播于经典时空背景中，就会倾向于刻画黑洞的热力学特征。如果是天体物理学家，无论是从事理论研究还是观测，可能会以更具体的方式来思考黑洞：位于空间中的一个紧致物体，无情地吸纳其周围的物质且永不排出，通过散发的大量能量而呈现自己的存在。如果从事与引力无关的黑洞相关研究，比如基于安鲁"哑洞"[14]的类霍金辐射模型，就会专注于有限视界的概念。

很可能由于我的研究工作主要是经典广义相对论和半经典引力，我天真地期待，我所问过的人至少会提到"未来零无穷远之因果过去的边界"（the boundary of the causal past of future null infinity）。这个经典定义可以追溯到 20 世纪 60 年代中后期的奠基工作，即霍金和埃利斯（G. F. R. Ellis）[15]以及沃尔德[16]关于广义相对论的经典著作。（事实上，有两个物理学家通过"沃尔德书中的定义"来回答我提出的问题。）结果，很多人没有，而且大多数人这样做的目的是为了引起人们对问题的关注。这个定义尝试将黑洞定义为"无法逃逸的区域"并使其精确化。为了使"无法逃逸的区域"这个观点更令人信服，必须存在物体可以逃逸的另一区域，只要它不进入捕获区域。这个定义因此表明，如果可以将时空完全分成下述两个互斥的区域，那么此时空将存在一个黑洞：第一个区域，即黑洞的外部，与时空内部"无穷远的区域"有因果联系的区域，该区域的任何物体原则上都可以逃逸至无穷远处。第二个区域，即黑洞的内部，一旦物体进入，将永远留在此处，原则上也无法逃逸至无穷远处，甚至无法与另一区域的任何事物发生因果联系。两个区域的边界就是事件视界。

这个定义具有强而直接的全局性：任何事物一旦进入黑洞的内部，将永远无法逃逸——无论尝试多久。因此，为了确定时空中事件视界的位置，必须了解时空的整个结构，从起点到终点，或者说直到无穷远处。这个特征已经引起许多物理学家的不满。另一个令人不安之处是，由于事件视界的全局性的本质特征，它是目的论的，或者说是先验的。今天视界的位置取决于明天往里面投入的东西，即粒子和光线明天可以逃逸至无穷远处的未来指向的可能路径依赖于明天视界的位置，因此这个信息必须计入今天的视界。这个特点令物理学家感到非常不安。

鉴于此，比尔·安鲁，一位研究经典、半经典引力以及类引力的理论物理学家，提出将黑洞定义为"一个长期不能与外界沟通的区域"（这里的"长期"取决于我的兴趣）。这表明，定义黑洞的视界可能与一组特定的观测者及其研究目的有关。特德·雅各布森（Ted Jacobson）也是一位研究经典、半经典引力以及类引力的理论物理学家，他在此观点的基础上给出了一个更为一般的定义："定义一个因果视界作为过去类时无穷远的边界（某个潜在观测者的世界线），黑洞则是过去之外的区域（对于观测者而言）"。这使得我们可以立刻将黑洞的视界与广义相对论中出现的其他视界，如伦德勒视界、德西特视界以及它们的含时推广联系起来，以便在更广范围内提出和证明一些观点，例如它们的热力学性质[17]。

然而，这些因果视界在本质上仍然是全局的；为了平息人们对黑洞经典定义全局性的不满，雅各布森建议可以孤立全局性的部分特征，从而可以定域地定义黑洞。一个较为流行的定义就是所谓的表观世界，它通常与事件视界一同出现；但是表观视界可以定域地来确定，也可以定义在不存在事件视界的时空中，例如很难定义"逃逸至无穷远处"概念的时空。表观视界是一个二维曲面（可以将它想象成一个球面），所有从其表面向外发出的光线立即落回到其表面内。这说明，在定域的定义下，没有东西（甚至包括光）可以逃逸；然而，无法保证落入此表面界定的区域内的物体无法逃离它。事实上，邦加推测：在经典层面将表观视界作为黑洞的定义已获得广泛的共识，许多真实事件视界的特征都是通过表观视界得到的，而且易于推广到其他引力理论（不同于广义相对论的非量子引力理论）。肖恩·格里布（Sean Gryb），一位从事形态动力学和正则量子引力研究的理论物理学家，也主张参照表观视界的路线给出一个定域的定义，强烈反对传统的全局定义，给出的理由是："全局视界似乎是一个无法证实的假设"，而这正是反对全局定义的物理学家所坚信的哲学理念。

丘成桐——他是数学家和数学物理学家，从事经典相对论和量子引力基础的研究——表示，数学家对这种经典定义的全局本性也心存顾虑。他指出:"我们数学家所理解的黑洞是爱因斯坦方程的自然奇点解,一个由膜所屏蔽的奇点。"他在定义中引入奇点的目的是为了刻画膜的定域特征,特别是引入表观视界的概念;在一些看似合理的假设之下,著名的霍金–彭罗斯定理表明膜之内存在奇点(即视界)。丘成桐继续强调,近年来经典广义相对论领域内相关数学研究大多侧重于爱因斯坦场方程解的动态演化,即初值问题。爱因斯坦场方程的初值问题需要局部确定的条件,因此数学家近些年倾向于定域描述。遗憾的是,这还远不够,我们对爱因斯坦场方程一般初始值的演化知之甚少。一般而言,我们无法确定一组局部确定的条件最终是否会归为经典视界或奇点,除非能明确得到方程的解析解,而这几乎是不可行的做法,除了某些理想的具备高对称性的特例外。实际上,理论物理学家卡洛·罗伟利(Carlo Rovelli),他是圈量子引力的先驱,甚至说:正是由于初值表述的困难,这种经典定义对于现实世界"可能是无用的"。

除了表观视界之外,还有其他并不完全反对黑洞全局特征的准定域描述,如动态捕获视界[18]和孤立视界[19]。事实上,阿贝·阿什特卡(Abhay Ashtekar)是圈量子引力的另外一位先驱,也是孤立视界的创立者,他指出:"我研究准定域视界的一个最基本动机是找到一个可以在各种场合下,如经典物理学、数值相对论、相对论天体物理学和量子引力,描述黑洞的统一方式。"[5]一些物理学家和天体物理学家提到这些概念主要是为了讨论它们的优点,然而如果不诉诸于先进的技巧很难描述清楚,所以我在本文中先避开不谈。

经典事件视界的全局性和目的论特性从来未曾困扰过我。我认为黑洞的经典定义是一种优雅且强有力的理想描述,无论从哪点来看,可以孤立于宇宙中的其他物体,其他系统造成的引力或者其他效应都可以忽略不计,从而可以近似地描述时空的结构;拉梅什·纳拉扬(Ramesh Narayan)是一位研究活跃星系核和黑洞附近吸积流的理论天体物理学家,他强调指出:无论从哪方面来说,我们都位于人马座 A* 的未来类光无穷远处。这种理想化的描述使得我们能够从更深层次的角度来证明一些原理,以一种无与伦比的洞察力来深入广义相对论的核心结构(只要人们信任这种基于理想化的结果,转移到现实世界即可)。唐纳德·马洛尔夫(Don Marolf)是一位研究半经典引力和弦论的理论物理学家,他赞同黑洞的经典定义,通过回应安鲁的部分观点来加以强调:"事实上,我们不需要某个对象是否'恰好'是一个黑洞,只要知道它在某段特定的时间中类似于黑洞即可,而这正是通过观测和实验可以实现的。"这依然给我们留下一个问题,即如何界定某一时空区域"行为近似于黑洞"。鉴于部分而非所有特征可能会保留下来(在脚注 4)中已讨论),

---

5) 阿什特卡和克里斯南(B. Krishnan)[20] 关于孤立视界的综述,是我所知目前文献中唯一关于此问题(即物理学不同领域采用不同的定义来描述黑洞)的讨论。

这为提出的定义提供了极大的自由度。

正如前面所引述纳拉扬的观点，天体物理学家对黑洞经典定义的全局本性的态度乐观，对黑洞经典定义下的视界所证明的深层次结果很是满意，例如当他们尝试确定一个时空区域的可观测性质时，可能会意识到观测的正是所谓的黑洞。纳拉扬提出一个对天体物理学家更为友好的定义："黑洞是一个质量大于 4 倍太阳质量的致密性物体，物理学家指出这不可能是其他物体。"这里提到的致密性，指的是不能忽视系统的相对论效应。中子星的质量不可能大于黑洞质量，超过黑洞质量的星体不可能是致密性的。由此可见，正如其他天体物理学家所强调的，黑洞是一个无法逃逸的区域；理论物理学家阿维·勒布则说："黑洞是一个终极监狱，一旦被捕获，将永不释放。"我向纳拉扬提出，这些特征无法区分黑洞与裸奇点（一个不被事件视界包围的奇点，已经被彭罗斯的宇宙监督假设所禁止）；他同意我的看法并强调如下两点：首先，我们尝试在其他理论基础上来排除裸奇点存在的可能性；其次，目前很多工作尝试计算裸奇点的性质，从而在观测上将它与黑洞区分开[21]。还存在许多其他令人着迷的方法论和认识论试图确定我们在天文学上所观测到的符合这些定义[22]，但它们偏离本文所讨论的主题太远。

值得注意的是，不只是天体物理学家认同这个观点。杰勒德·特霍夫特（Gerard't Hooft）是一位研究高能粒子物理、全息理论和量子引力的理论物理学家，他支持一种基于标准天体物理学的定义，指出："黑洞是爱因斯坦引力场方程的真空解——我们由（一个包含一颗或多颗恒星的重物体中的）所有物质因自身重力内爆后而得到它。"真空解的引入使得天体物理学家关于黑洞的具体图景发生微妙变化，这种转变与粒子物理学家尝试研究视界附近量子场真空态的变换有关。罗伟利（Rovelli）比较了当下关于黑洞的观点与过去所公认的观点，即黑洞是爱因斯坦方程的某个特定解，同样支持适宜天体物理学家的路线，他指出："如今黑洞就是我们在天空中观测到的物体，例如人马座 A* 星。"然而，多梅尼科·朱利亚尼（Domenico Giuilini），一位研究经典、半经典和量子引力以及量子力学基础问题的理论物理学家，指出："将黑洞看作空间中的物体的想法虽然很诱人，但在概念上却有问题，物体是可以四处移动的。然而，黑洞根本不是位于空间中某一点的一个准定域的块状物。"

基于这种观点，理论物理学家丹尼尔·奥里缇（Daniele Oriti），量子引力的场论方法的提出者，表明："如果我们接受半经典引力的框架，那么黑洞首先就是一个真实的物理系统，它具有热力学性质。"霍金辐射是用半经典方法得到的结果，从而可以在物理上定义黑洞的温度[23]，且半经典方法证明广义热力学第二定律的过程表明黑洞的熵与它的面积成正比[24]。在这种标准的半经典框架下，大多数研究者认为关于黑洞的经典描述是没有问题的（至少在严格的经典框架下没有问题)。他们认为既然背景几何是经典的,那么在经典框架内可以利用一切可以利用的工具来描述黑洞。尽管如此,只要接受黑洞由于霍金辐射而蒸发的半经典图像,那么就如同罗伟利所言:必须完全放弃黑洞是一个永恒、全局的物体的想法,并谨慎使用这种理想化的图景。邦加也指出,霍金辐射本身的存在(与它在黑洞蒸发中所起的作用无关)表明,我们同样需要放弃经典框架下黑洞是一个完全吸收体的观点。

然而,上面的说法有待于精确化,这正是源于量子效应和经典几何的微妙相互作用。很难精确清晰地说明,霍金辐射是否表明黑洞内部完全无法与其外部取得因果联系。然而,这种不确定性对由事件视界分割的黑洞内外部的区别产生了极大质疑。我认为,半经典框架下的黑洞概念并不明晰,在此领域工作的大多数物理学家也认同这种观点。同样,需要铭记于心的是,有关黑洞热力学的所有结果都不是从物理学基本理论得出的,而是基于不同的物理直觉和原理的各种方法所拼合的结果。正如我在引言中所提到的,在没有指引和实验观测约束的情况下,半经典图景尝试以一种全新的方式融合两个明显冲突的理论。因此,在接受半经典黑洞热力学的结果时应更加谨慎。

还有其他半经典方法,比如在反德西特时空(anti-de Sitter spacetime)中引力物理学和其时空边界上的共形场论之间的对偶性(AdS-CFT)[25],还有基于全息理论[26,27]的一般方法,都很难用直接有效的方式来定义黑洞。在这些方法中,假定时空内部区域的经典引力理论完全由其边界上的量子场论体现(例如反德西特时空中的类时无穷远),然而仅从边界物理学的信息很难确定黑洞内部是否有其他类似于黑洞的存在(例如某种特定的视界)。安迪·施特罗明格(Andy Strominger)是一位研究全息理论和弦论的理论物理学家,他声称在全息方法中关于黑洞没有明确的定义。保罗·切斯利(Paul Chesler)是一位研究经典数值相对论、全息理论和 AdS-CFT 的理论物理学家,他指出:在这些情况下,可以将黑洞定义为量子场论的解在时空边界上的流体动力学演化,这是视界内部的唯一解。全息原理表明具有最大熵的场即为黑洞。同样,胡安·马尔达西那(Juan Maldcena),一位研究全息理论和弦论的理论物理学家,也是 AdS-CFT 对偶猜想的首创者,指出了黑洞的一个鲜明特征:它的动态演化是最无序的;这是黑洞熵最大化的部分体现。特霍夫特反对这种观点,他强调说:"支配黑洞行为的主要引力效应是完全线性的",因此不可能充当全息学界所拥护的"信息搅局者"。某个物理学家所认可的特征在另外一个物理学家看来可能是错误的。

即使接受全息理论光鲜亮丽的一面,一个必须面对的事实是:边界上的物理学无法给出更多关于事件视界内部的物理学的信息,因为内部与边界是互无因果关系的。任何无法解决黑洞内部问题的定义都必定有一个可以反对它的缺点。一旦物体穿过某一时空的史瓦西半径,那么任何量子效应、已知或想象的物理过程都无法导致时空停止演化并消失。可能视界内的任何事物都无法与外部取得联系，但这并不意味着它不属于现实世界的一部分。正因为如此，物理学的使命就是尝试理解它。

在一般的量子引力情况下，大多数物理学家认为，找到一种令人满意的方式来定义黑洞将变得更加严峻。朱利亚尼指出："我曾认真思考过经典和非经典的差异。除非谨小慎微，否则经常提及的'量子黑洞'也是徒有其表。上述经典概念并没有直接相对应的量子概念。"即使仅限于考虑准定域结构，例如表观视界，也存在明显的问题：在量子框架下，为了确定某一曲面的几何，必须同时确定其微观结构的类似于位置和动量的参数，而这在量子力学框架下是不可能同时完成的任务。克劳斯·基弗（Claus Kiefer）是一位研究半经典引力和正则量子引力的理论物理学家，他强有力地指出："事件视界是描述时空的概念，而时空本身是一个经典框架下的概念。按照正则引力的说法，时空的概念对应于力学中粒子的轨迹。换而言之，正如量子力学中不存在粒子轨迹一样，量子引力中的时空在量子化之后也不复存在。"

奥里缇（Oriti）简要概括了一种刻画黑洞的方法，这与量子引力的许多方法有异曲同工之处。此外，一个普遍的问题是，时空框架的自由度在本质上并非显然是"时空"或"空间"的。奥里缇的策略主要是：当试图以某种原则性的"原时空解释"来限制时，什么样的系综或由基本自由度构建的基础组合"看起来像"黑洞？（这也是安鲁和马洛尔夫所提出的近似描述中提到的同样问题。）这个想法是尝试将黑洞的部分经典图景逐一地组合起来，找到使"时空"呈现球对称的系综的性质，也就是说找到一个经得起检验的标准区域，等等；从而构建黑洞的半经典图像。然而，很难验证这对应于经典黑洞，因为很难重建经典几何的因果结构。受全息原理的启发而产生的一个策略是：在半经典框架下，考虑一个位于球对称空间中的量子系综，它遵从限制经典视界的准定域条件，接着计算它的熵并使其最大化，进而得到的系综就是黑洞的定义。不过，很难去验证这是否对应于经典黑洞。

将这种自下而上的方法与其他问题自上而下的方法相比较，是非常有趣的。在与圈量子引力相关的工作中，比如圈量子宇宙学，标准的处理程序是：考虑经典几何的一个子区域，附以黑洞的结构，进而将其量子化。事实上，这两种方法并不是相互排斥的，可以同时使用。然而，它们都不适用于弦论。

鉴于多种原因，有些太过于专业化而无法在这里讨论，在弦论中给出的黑洞定义很难令人满意，除了几类特别限制的非物理模型外，例如所谓的极端黑洞，它不存在经典意义上的视界，我们甚至不能称之为黑洞。雅各布森有趣地评论道（从略加不同的背景中参考得到）："黑洞根本不可能是黑洞。"量子引力的许多其他研究课题，如渐近安全和因果动态三角测量，目前正处于停滞不前的阶段，即使这些领域的研究者似乎对尝试刻画黑洞有极大的兴趣。

最后要说的是，虽然严格意义上来说我并不是从事引力物理学研究的，但是很有兴趣简要阐述一下所谓的类引力模型（analog models of gravity）[28]。此领域的研究中心主要是通过合适的视界来推广黑洞的概念，以此来研究多领域非引力类型的物理系统，因为经典时空框架下的方法在此不适用。安鲁（Unruh）清晰地阐述了这个基本问题："在类引力框架下，事情变得更加难以处理，因为色散关系意味着低能量波无法逃离而高能量波则可以（反之亦然）。"这引发一个有趣的问题，对于实验和理论结果，当迁移至类引力框架时，我们应该接受多少，还是完全不能相信[29,30]？遗憾的是，此处没有过多的篇幅来展开讨论。

四、为何重要？

大卫·华莱士（David Wallace），一位研究物理学众多领域技术和概念问题的哲学家，他表示："描述黑洞的不同版本，直接或间接应用于经典物理学的不同领域（例如天体物理学和数学广义相对论）的，虽然在细节上有所差异，但所指的是同一实体。"研究不同领域（经典或非经典）的物理学家，若想与其他领域的工作者进行富有成效的交流，这给他们带来了希望。然而，只有在这个意义上才是希望。若想确定地指明这些不同的定义和描述之间的联系，还有很多工作要完成，这样才有信心利用某一领域的结果来处理其他领域的问题。所以此问题至关重要。

现在我们来考虑霍金辐射。文献中被忽视的一个问题是：在半经典框架下，霍金辐射并不是传统意义上的黑体辐射。黑体辐射，例如炽热的铁块所发出的电磁辐射，是由系统自身微观自由度的动力学导致的；就铁块来说，铁自身的原子和自由电子的摆动与晃动使得它产生辐射。然而，这并不是霍金辐射产生的机制。在半经典框架下，霍金辐射并不是由黑洞自身微观自由度的动力学导致的，而是通过视界附近的外部量子场的行为产生的。我们推测，一个自洽的量子引力理论将为这两种乍看完全不同的现象（一个是视界，另一个是外部量子场的动力学）提供一个明显、和谐的联系，这表明热量子辐射的温度可以合理地代替黑洞自身的温度，而黑洞自身的温度正是由其自身微观自由度的动力学所决定的。由于霍金辐射是黑洞自身存在温度以及更一般的热力学性质的最强有力证据，那么缺少上述的联系显然令人非常担忧。当在不同的框架下定义黑洞，并将这些不同的定义以一种严谨、明晰和精确的方式联系起来时，所遇到的困难更加令人不安。对于不同领域的物理学家来说，他们还没有对问题本身达成起码的一致，怎么能奢望获得大家认可的答案？

我猜测，永远无法给出一个关于"黑洞"的单一定义使之适用于物理学所有领域的研究。我认为能做到最好的情况是，在个人感兴趣的研究领域，确定一个有关黑洞的重要特征属性和现象列表，进而确定哪些已知的定义可以得到所列的内容。如果现有的定义无法得到，要么重新构建一个恰当的新定义，要么就是列表的内容内部不自洽，这赋予了研究过程极大的乐趣。下面列出一些潜在的特征属性和现象：

- 具有满足黑洞力学四定律的视界；
- 具有一个可定域确定的视界；
- 拥有一个真空情形下的视界；
- 在某种适当的情形下，在某个最小时间段内可以定义一个无法逃逸的区域；
- 可以定义一个永远无法逃逸的区域；
- 可以嵌入渐进平坦时空；
- 可以嵌入简单拓扑时空；
- 包含一个奇点；
- 满足无毛定理；
- 从初值演化的结果满足阿达马条件（演化的稳定性）；
- 经典稳态黑洞（史瓦西黑洞、克尔黑洞、赖斯纳–纳自敦黑洞和克尔–纽曼黑洞）被扰动后，可以预测最终达到平衡后的稳定状态；
- 当在经典时空下计算时，得到的解与经典稳态黑洞一致；
- 可以从一组独立的原理出发导出霍金辐射；
- 可以从一组独立的原理出发得到贝肯斯坦熵（即正比于其视界的面积）；
- 在某种意义下，具有最大熵；
- 是致密的。

上述列表并非详尽无遗，在研究中还需要引入许多其他类似的性质和现象。此外，上述列表表明，没有任何一个单一的定义可以包含所有的内容。

可以认为，对于黑洞的"前理论思考"（pre-theoretical idea）并没有统一的概念核心；华莱士认为不同领域的物理学家所采用的不用定义都指向统一的实体，本来满怀希望的猜想变得令人失望。我不想认可这个结论，亦无法全然赞同华莱士关于不同定义指向单一实体的强烈主张。关于黑洞的定义，我宁愿认可一个适用于不同物理学领域的简略的、不完善的版本，可以通过表述一个差不多精确的定义来阐述这种观点，只要能以清晰的方式来体现大多重要特性，这可以通过许多不同的途径来实现，各自适用于不同的理论、观测和调查的情况。我认为这并不是一个问题，反而是一个优点。正是源于黑洞概念的丰富性，才有了黑洞定义的多样性，各自应用于自身领域。如果我们被迫采用单一标准的定义，那么势必会损失这种丰富性。

参考文献

[1] Hawking, S. Black hole explosions? Nature **248**, 30–31 (1974). doi:10.1038/248030a0.

[2] Hawking, S. Particle creation by black holes. Communications in Mathematical Physics **43**, 199–220 (1975). doi:10.1007/BF02345020.

[3] Davies, P. & Taylor, J. Do black holes really explode? Nature **250**, 37–38 (1974). doi:10.1038/250037a0.

[4] Wald, R. On particle creation by black holes. Communications in Mathematical Physics **45**, 9–34 (1975).

[5] Hartle, J. & Hawking, S. Path-integral derivation of black hole radiance. Physical Review D **13**, 2188–2203 (1976).

[6] Curiel, E. Classical black holes are hot (2014). arXiv:1408.3691 [gr-qc].

[7] Marolf, D. The black hole information problem: Past, present, and future. Reports on Progress on Physics **80**, 092001 (2017). doi:10.1088/1361-6633/aa77cc. Preprint: arXiv:1703.02143 [gr-qc].

[8] Unruh, W. & Wald, R. Information loss. Reports on Progress in Physics **80**, 092002 (2017). doi:10.1088/1361-6633/aa778e. Preprint: arXiv:1703.02140 [hep-th].

[9] Earman, J. Bangs, Crunches, Whimpers and Shrieks: Singularities and Acausalities in Relativistic Spacetimes (Oxford University Press, Oxford, 1995).

[10] Earman, J. & Eisenstaedt, J. Einstein and singularities. Studies in History and Philosophy of Science Part B: Studies in History and Philosophy of Modern Physics **30**, 185–235 (1999).

[11] Weinberg, S. Gravitation and Cosmology: Principles and Applications of the General Theory of Relativity (Wiley and Sons Press, New York, 1972).

[12] Michell, J. On the means of discovering the distance, magnitude, etc., of the fixed stars, in consequence of the diminution of their light, in case such a diminution should be found to take place in any of them, and such other data as should be procured from observations, as would be further necessary for that purpose. Philosophical Transactions of the Royal Society (London) **74**, 35–57 (1784). Reprinted in S. Detweiler, ed., Black Holes: Selected Reprints, American Association of Physics Teachers: Stony Brook, NY.

[13] Laplace, P. S. M. d. Exposition du Système du Monde, vol. I (De l'Imprimerie du Cercle-Social, Paris, 1796).

[14] Unruh, W. Dumb holes: Analogues for black holes. Philosophical Transactions of the Royal Society of London A: Mathematical, Physical and Engineering Sciences **366**, 2905−2913 (2008). doi:10.1098/rsta.2008.0062.

[15] Hawking, S. & Ellis, G. The Large Scale Structure of Space-Time (Cambridge University Press, Cambridge, 1973).

[16] Wald, R. General Relativity (University of Chicago Press, Chicago, 1984).

[17] Jacobson, T. & Parentani, R. Horizon entropy. Foundations of Physics **33**, 323−348 (2003). doi:10.1023/A:1023785123428. Preprint: arXiv:gr-qc/0302099v1.

[18] Hayward, S. General laws of black hole dynamics. Physical Review D **49**, 6467−6474 (1994). doi:10.1103/PhysRevD.49.6467. Preprint: arXiv:gr-qc/9303006v3.

[19] Ashtekar, A., Beetle, C. & Fairhurst, S. Isolated horizons: A generalization of black hole mechanics. Classical and Quantum Gravity **16**, L1–L7 (1999). doi:10.1088/0264-9381/16/2/027. Preprint: arXiv:gr-qc/9812065.

[20] Ashtekar, A. & Krishnan, B. Dynamical horizons and their properties. Physical Review D **68**, 104030 (2003). doi:10.1103/PhysRevD.68.104030. arXiv:gr-qc/0308033.

[21] Narayan, R. & McClintock, J. Observational evidence for black holes (2013). arXiv:1312.6698 [astro-ph.HE].

[22] Eckart, A. et al. The milky way's supermassive black hole: How good a case is it? Foundations of Physics **47**, 553−624 (2017). doi:10.1007/s10701-017-0079-2. Preprint: arXiv:1703.09118 [astro-ph.HE].

[23] Wald, R. Gravitation, thermodynamics and quantum theory. Classical and Quantum Gravity **16**, A177–A190 (1999). doi:10.1088/0264-9381/16/12A/309. Preprint: arXiv:gr-qc/9901033.

[24] Wall, A. Ten proofs of the generalized second law. Journal of High Energy Physics JHEP06(2009), 021 (2009). doi:10.1088/1126-6708/2009/06/021. Preprint: arXiv:0901.3865 [gr-qc].

[25] Maldacena, J. The large n limit of superconformal field theories and supergravity. Advances in Theoretical and Mathematical Physics **2**, 231−252 (1998). doi:10.1023/A:1026654312961. Preprint arXiv:hep-th/9711200.

[26] 't Hooft, G. Dimensional reduction in quantum gravity (1993). arXiv:grqc/9310026v1.

[27] 't Hooft, G. The holographic principle (2000). arXiv:gr-qc/0003004v2.

[28] Jacobson, T. Black holes and Hawking radiation in spacetime and its analogues. In Faccio, D. et al. (eds.) Analogue Gravity Phenomenology: Analogue Spacetimes and Horizons, from Theory to Experiment, no. 870 in Lecture Notes in Physics, 1−29 (Springer-Verlag, Berlin, 2013). doi:10.1007/978-3-319-00266-8 1. Preprint: arXiv:1212.6821 [gr-qc].

[29] Unruh, W. & Schützhold, R. Universality of the Hawking effect. Physical Review D **71**, 024028 (2005). doi:10.1103/PhysRevD.71.024028. Preprint: arXiv:grqc/0408009v2.

[30] Dardashti, R., Thébault, K. & Winsberg, E. Confirmation via analogue simulation: What dumb holes could tell us about gravity. British Journal for the Philosophy of Science **68**, 55−89 (2017). doi:10.1093/bjps/axv010.

致谢

真诚感谢所有给予热情回复的物理学家和哲学家，名字太多而无法一一提及，如果没有你们的讨论，这篇文章将黯然失色。然而，必须提及的是贝特丽丝·邦加、鲍勃·杰勒西、多梅尼科·朱利亚尼、杰拉德·特霍夫特、特德·雅各布森、克劳斯·基弗、阿维·勒布、唐纳德·马洛尔夫、拉梅什·纳拉扬、丹尼尔·奥里缇、卡洛·罗伟利、比尔·安鲁和丘成桐，感谢他们的勤劳付出和讨论。

上述工作有些是在哈佛大学黑洞原创研究中心完成的，得到了约翰·邓普顿基金的支持。其余工作是在慕尼黑数学哲学中心完成的，得到了德国基金研究会的支持（项目编号：312032894）。

编者按：英文原文将刊登于 2019 年 1 月出版的 Nature Astronomy，中译文经作者授权出版。

数学星空

数学巨人 Sophus Lie

季理真

译者：林开亮

> 季理真，1964 年 4 月生于温州。1984 年获杭州大学理学学士学位，1985 年赴美在丘成桐教授指导下研习数学。1987 年在加州大学圣地亚哥分校获得理学硕士学位，1991 年在美国东北大学获得理学博士学位。先后在美国麻省理工学院、普林斯顿高等研究所从事研究工作，1995 年至今任教于美国密歇根大学数学系，从 2002 年开始兼任浙江大学数学科学研究中心高级教授。曾获得 Sloan 研究奖，以及美国自然科学基金会数学科学博士后奖。

本文简要介绍了 Sophus Lie 的生平和工作，特别是他早期和 Felix Klein 在有关 Erlangen 纲领方面的富有成果的相互影响以及他们晚期的冲突，他与 Friedrich Engel 多产的合作，以及他的论文选集的编辑与出版。

引言

在今天的数学家和物理学家中，极少有人不曾听说过 Lie 群或 Lie 代数，或者以这样或那样的方式应用过 Lie 群与 Lie 代数。如果我们将离散群或有限群作为特殊（或退化的 0 维）Lie 群，那么数学的每一个分支都应用了 Lie 群。正如 H. Poincaré[25] 在 1882 年对 Lie 说的："所有的数学都与群密切相关。"很明显，群的重要性源于其作用。在 [17] 中列举了与群作用有关的各种课题。

Lie 理论是 Sophus Lie 的创造，而且是 Lie 最著名的成就。但 Lie 的工作比这要广阔。除此之外，Lie 还取得了哪些成就呢？这也许并不那么广为人知了。微分几何学家陈省身在 1992 年写道："即便不提 Lie 群，Lie 也是一个伟大的数学家。"陈说这话是什么意思呢？我们将在后文中介绍 Lie 的一些主要贡献。

本文的目标是，通过追踪我所读过的关于 Lie 及其工作的文献，给出 Lie

的数学生涯之一瞥。因此，本文篇幅简短并且仅仅强调其数学与生活的少数方面。对其生活（而非数学）的详尽叙述，可见其完整的长篇传记 [27]。

我们还详细描述了 Lie 与 Klein 之间的不幸冲突，并给出了 Lie 在其关于变换群的书的第三卷前言中的著名段落，它常常被人不交代背景地引用。我们还提到了 Engel 和 Lie 卓有成效的合作以及 Lie 的论文集的出版。

对 Lie 及其影响的一般评论

众所周知，Lie 的主要工作是借助连续变换群的概念把几何、力学、偏微分方程等数学领域整合在一起。也许不那么广为人知的是，Lie 的论文集共有 7 卷，合起来约 5600 页。（当然我们要知道，其中有相当一部分篇幅是编辑的注释文字。即便如此，Lie 的成果仍然是丰硕的。）要知道，Lie 的数学生涯从 26 岁才开始，而他在 57 岁就过世了。除了许多论文，他还写了几本书，一共也有几千页。据 Lie 说，他的想法中仅有一部分写了下来。Lie 在其自传中写道 [9, p. 1]：

> 我的生活在我看来是完全不可理解的。年轻时我并不知道自己有原创的能力，等到 26 岁时，我突然意识到我能创造。我读进一点东西，就能产生新的想法。在 1867—1874 年间，我脑子里涌出了许多想法，但后来绝大部分未能成形。
>
> 特别吸引我的是变换群理论及其对微分方程的巨大重要性。但在这个领域，我发表自己成果的速度太慢了。我无法恰当地予以组织，而且总是害怕犯错。不是那些无关紧要的小错误……非也，我害怕的是那些根本上的错误。我很高兴，到目前为止，我的群论还没有出现任何根本上的错误。

Lie 是一个高度原创、能力极强的数学家。但让 Lie 群（或变换群）的思想被他人认可是需要时间的。他在 19 世纪 70 年代的一封信中写道 [26, p. XVIII]：

> 要是我知道如何让数学家对变换群及其对微分方程的应用感兴趣该多好，我确实需要大家相信这件事，这些理论将来将被视为根本性的理论。但我想现在就造成这样的印象，因为这样一来我就会更加努力地工作。

1890 年，Lie 充满自信地写道，他相信他的工作将会经受住时间的考验，并且在数学的世界中得到越来越多的重视。

当 Lie 于 1886 年在莱比锡担任几何教授时，Eduard Study 还只是那里的一名讲师。1924 年，成熟的 Eduard Study 如下概括 Lie [26, p. 24]：

> 作为以自我为引导者的人，Sophus Lie 有很多不足之处，但他也是历史上最出色的数学家之一。他富有一些并不常见而且越来越罕见的品质：有创造性的想象力。后人将比我们这一代人更好地理解他的远见卓识，我们这代人只能理解他的卓越才智。然而，他最可贵的品质是广阔的视野，这在今天已经很难看到了。然而，后人将会理解变换群理论的重要性并确保这一宏大工作所应得的科学地位。

Lie 所研究的是无穷小 Lie 群，或者说本质上是 Lie 代数。考虑到 H. Weyl 和 E. Cartan 在 Lie 群整体理论上的工作开始于 20 世纪 20 年代中期，此后 Lie 群才成为现代（或当代）数学中最基础最重要的对象，Study 的上述评价一定令人非常惊讶。对 Lie 群的历史发展特别是侧重于 Lie, Killing, E. Cartan 和 Weyl 的工作的一个比较详细的介绍，可见著作 [14]。

Lie 过世两个月以后，他的一个传记 [12] 出现在《美国数学月刊》(*American Mathematical Monthly*) 上。作者是活跃的数学教育家、得克萨斯大学奥斯汀分校的数学家 George Bruce Halsted，他曾教过像 R. L. Moore 和 L. E. Dickson 这样的著名数学家。一百年以后再读这篇传记，他那强有力的断言听起来也许有点惊人但比从前更加公正："世界上最伟大的数学家 Sophus Lie 去世了……他的工作戛然而止，但他的影响和声望将持续扩大。"

也许对 Lie 的一个更准确的评价是 Engel 在 1899 年对 Lie 的纪念演说 [9, p. 24] 给出的：

> 如果衡量数学家的标准是发现的能力，那么 Sophus Lie 一定位列历代最重要的数学家之林。只有极少数人像他那样开创了数学研究的如此浩瀚的领域和如此丰富和广泛应用的方法……除了发现的能力，Lie 的另一项突出才能是深刻的洞察力，Lie 是一个真正有非凡天赋的数学家……他的能力是基于攻克那些重要但可以解决的问题，常有的事情是，他能够解决令其他杰出数学家一筹莫展的问题。

在此意义下，Lie 是数学界的巨人，他对数学做出了深刻而原创的贡献，他的有名与其他事情无关。(有不少数学家的有名还与各种数学之外的逸闻有关。)巧合的是，从体格上说，他也是一个巨人。关于 Lie 有一些生动描述，例如，可见 E. Cartan [1, p. 7]，Engel [27, p. 312] 和他在莱比锡大学的物理学同事 Ostwald [27, p. 396]，也见 [27, p. 3]。对巨人与科学家之间关系的有趣讨论，可见 [11, pp. 163-164, p. 184] 和 [22, pp. 9-13]。

Lie 的早期学术生涯概述

Lie 出生于 1842 年 12 月 17 日。他的父亲 Johann Herman Lie 是路德教会的一名牧师。Lie 是六个孩子中最小的一个。他最初是在挪威东南部的小城摩斯上小学，摩斯位于奥斯陆港湾的东边。1857 年，他升入了克里斯蒂安尼亚——1925 年更名为奥斯陆——的尼森私立拉丁学校。那时他决定从事军旅生涯，但他糟糕的视力使得这成为不可能，于是他进入了克里斯蒂安尼亚大学追求一个更学术化的生涯。

在他的大学时代，Lie 学习了各种科学理论。他修了数学课程，听了高水平老师的讲座。例如，他在 1862 年听了 Sylow 的课。[1]

虽然 Lie 追随一些优秀的数学家学习并且大多数课程学得很好，但当他 1865 年本科毕业时，他并没有表现出特别的数学才能和对数学的特别喜爱。Lie 无法决定以后的职业生涯，在他尝试做决定时，他给一个学生团体开设私人课程和免费的演讲。他希望从事学术工作，并一度考虑选择天文学。他还学了一些力学，对植物学、动物学和物理学都很好奇。1868 年，26 岁的 Lie 已经不那么年轻，但他仍然没有确定未来的职业。然而这一年对他来说是一个重要的转折点。

1868 年 6 月，第十届斯堪的纳维亚自然科学会议在克里斯蒂安尼亚召开。这吸引了 368 名与会者。Lie 听了许多报告，对他影响特别大的是法国大几何学家 Michel Chasles 的某个学生的报告，这个几何报告提到了 Chasles、Möbius 和 Plücker 的工作。

1868 年秋季，Sophus Lie 似乎度过了一个漫长的工作期，他频繁地从图书馆借书。除了 Chasles、Möbius 和 Plücker，Lie 还发现了法国人 Poncelet，英国人 Hamilton，意大利人 Cremona，还有其他对代数几何和解析几何作出了重要贡献的人。

Lie 广泛涉猎了来自法国和德国的许多卷顶级数学期刊，并在 1869 年春季给科学学生会做了他称之为"虚量理论"的演讲，讨论关于实的几何对象的信息如何可以被转移到他的"虚对象"上。

---

[1] 跟 Lie 一样，Ludwig Sylow（1832—1918）也是挪威人。他现在以 Sylow 子群而著称。在那时，他并不是克里斯蒂安尼亚大学的永久教员，但他替一位正式教员上一门课。在这门课上，他解释了 Abel 和 Galois 关于代数方程的工作。不过 Lie 似乎并不理解或记得这门课的内容，正是 Klein 向 Lie 重新解释了这些理论，并对 Lie 的数学生涯产生了巨大的影响。

Sophus Lie 把他的一个发现写成论文。这篇论文只有 4 页，是他自费刊印的。[2]这篇文章被翻译成德文，并刊登在德国当时的顶级数学刊物《克雷尔杂志》(*Crelle's Journal*) 上[3]。有了这篇文章，他申请到一笔游学资助。于是他在 1869 年 12 月前往柏林，开始了他辉煌多产的数学生涯。

这次柏林之旅，有几件事对 Lie 来说意义重大。他结识了 Felix Klein，并立即成为好友。他们兴趣相投，有共同的几何背景，他们的交往对彼此都产生了巨大的影响。如果没有这次命中注定（或纯属偶然）的相遇，Lie 和 Klein 也许都不会成为我们所知的那种人。

Lie 也通过解决 Kummer 正在研究的问题而给 Kummer 留下了深刻印象。这给了 Lie 对其能力和原创性的自信。Lie 在写给他朋友的信中说 [26, p. XII]：

> 今天我打了一场胜仗，想必你会有兴趣知道。Kummer 建议在讨论所有的三次直线簇这个问题上，测试一下我们的能力。幸运的是，在两个月前，我曾经解决过一个问题，它可以看成是上述问题的特殊情况，不过其含义要广泛得多……我将此视为对我的良好科学洞察力——从一开始，我就理解发现的价值——的一个肯定。我也展示出关联我的发现的能量与能力；我知道我能。

1870 年夏，Lie 和 Klein 结伴游学巴黎，遇到了几位重要人物，如 Jordan 和 Darboux。与 Jordan 的接触以及 Jordan 关于群论的新书对他们都产生了巨大影响。Jordan 的书包含了比 Galois 理论更多的东西，可以视为在那之前对群如何应用到所有分支的一个深入讨论。这让 Lie 和 Klein 大开眼界。除了学到 Galois 理论，他俩开始认识到群将在几何与数学其他分支中发挥基本和统一的作用。在某种意义下，与 Klein 的巴黎之旅确定了 Lie 未来的研究方向。在 Lie 的学术成长期，Klein 扮演了一个关键角色，反之亦然。我们将在后文中更深入地讨论他们的相互影响。

当年 7 月，普法战争爆发，Klein 离开了巴黎，而 Lie 多待了一个月，并决定徒步前往意大利。但他在枫丹白露被捕了，因为他被怀疑是普鲁士的奸

---

[2]即便以今天的标准来看，这篇文章的出版也是非同寻常的。据 [2] 说："他的第一篇发表的论文出现在 1869 年。它给出了复平面的一个新的表示，并运用了 Plücker 的思想。但在让挪威科学院接受它时，Lie 遇到了某些困难。他缺乏耐心。Bjerknes 教授要求更多的时间来审查这篇文章，而 Broch 教授则在两天后返回这篇文章——说他完全不懂！然而，其他三位教授——也许对其内容就懂得更少了——却支持发表。这也许是由于受了 Lie 的朋友的影响。"

[3]这篇文章的德文版仍然只有 8 页长，但在 Engel 和 Heegaard 所编辑的 Lie 的论文集中，对该文的注释就长达 100 多页。

细,而后入狱一个月。Darboux 前往营救了他。Darboux 在 [8] 写道:

> 千真万确,1870 年一场灾难降临到 Lie 头上,其后果是让我给他帮上了一点小忙。突然在巴黎宣战,令他猝不及防,他在枫丹白露被捕了。各种思想在头脑里不停地翻滚着,他每天在森林里漫步,在人迹罕至的地方停下来,用铅笔做笔记、画图。在那时,这是足以令人起疑心的。在枫丹白露被捕入狱以后,他求助于 Chasles, Bertrand 等。我前往枫丹白露,让皇家检察官相信了他所做的所有笔记都只是数学——画的直线簇、正交系、几何学家的名字,这跟国家机密没有一点关系。

后来,Lie 写信给他的密友说 [26, p. XV]:"一开始那几天,我以为不过是坐几天牢就会放出来,当我知道可能要在监狱里度过很长的时间后,我反倒放轻松了。我认为数学家很适合在监狱里搞研究。"

事实上,当他在监狱里时,他在思考其博士学位论文,几个月后的 1871 年 3 月,他提交了学位论文。1872 年 7 月他获得了博士学位,并接受了挪威国家议会为他在克里斯蒂安尼亚大学设立的新职位。这是一篇很不错的博士论文,讨论的是偏微分方程的积分理论,博士论文的完成使 Lie 的数学天分得到了广泛认可,他的数学生涯有了保障。

此前,当 Lie 在克里斯蒂安尼亚大学的一份奖学金资助下写学位论文时,他还需要到从前的语法学校教书以贴补收入。而今有了这个新职位,他可以全身心投入到数学研究中。除了发展关于变换群的工作、与 Klein 一起构建 Erlangen 纲领以外,Lie 还要协助他从前的老师 Ludwig Sylow 一起编辑 Abel 的论文集。因为 Lie 对代数尤其是 Abel 的工作不是很熟悉,这个计划主要由 Sylow 实施。但搜集 Abel 的手稿耗费了两人许多精力,这个计划用了很多年才完成。

在个人生活方面,Lie 与 Anna Birch 在 1874 年结婚,他们生有两个儿子和一个女儿。

Lie 发表了几篇关于变换群和对微分方程积分的应用的文章,并在克里斯蒂安尼亚创立了一份新期刊以发表他的论文,但这些文章没有引起多大关注。因此,Lie 开始研究更加几何化的问题,例如极小曲面和常曲率曲面。

后来在 1882 年,法国数学家利用变换群讨论微分方程的积分的一些工作,促使 Lie 回到他关于微分方程的积分与群的微分不变量理论的工作。

成熟的 Lie 及其与 Engel 的合作

对成就今天我们所知的数学家 Lie，有两个人功不可没。他们是 Klein 和 Engel。当然，Lie 和 Klein 的故事更为人所知，充满了戏剧性，为人津津乐道，但他与 Engel 的接触绝非不重要或稀松平常。

在 1868—1884 年这段时期，Lie 一直单枪匹马地发展其变换群、积分问题、有限群和无限群的微分不变量的理论。但他无法将其理论表述成一种便于理解和令人信服的形式，因此他的工作一直得不到数学界的重视。更糟糕的是，他在挪威孤身一人，没有人可以跟他讨论或理解他的工作。

在 1883 年写给 Klein 的一封信中，Lie 写道 [9, p. 9]："在克里斯蒂安尼亚，没有人理解我的工作与兴趣，我太孤独了，孤独到让人恐慌。"

意识到 Lie 的处境的严重性、将 Lie 的成果以一种连贯的方式总结下来并保持 Lie 的创造力的重要性后，Klein 与他在莱比锡的同事 Mayer 决定派他们的学生 Friedrich Engel 来协助 Lie。Klein 和 Mayer 清楚，如果没有像 Engel 这样的人的帮助，Lie 无法将他的新颖理论系统地表达出来。

跟 Lie 一样，Engel 也是路德教会的一名牧师的儿子。他出生在 1861 年，比 Lie 年轻 19 岁。1879 年，他进入莱比锡大学和柏林大学两所大学学习。1883 年，他在莱比锡大学 Mayer 的指导下以关于切触变换的论文获得博士学位。在德累斯顿服兵役一年后，1884 年春，为了写大学授课资格论文，Engel 返回莱比锡参加 Klein 的讨论班。在那时，Mayer 也许是除了 Klein 以外的唯一能够理解 Lie 的工作与天才的数学家。因为切触变换在 Lie 的变换群理论中构成很重要的一类变换，所以 Engel 成了完成这一使命的自然人选。Klein 和 Mayer 一起努力，为 Engel 争取到莱比锡大学和萨克森皇家科学协会的一笔资助，使他可以游学到克里斯蒂安尼亚与 Lie 一起工作。

在 1884 年，Lie 给 Engel [9, p. 10] 写了一封信：

> 在 1871—1876 年，我完全沉浸在变换群和积分问题里。然而，当这些问题无人问津时，我就变得有点厌倦，并有段时间转向了几何学。而在过去的几年里，我又重新拾起了这些旧爱。如果你能帮助我进一步发展和整理这些东西，你就帮了我一个大忙，特别是，至少有一个数学家最终对这些理论有了真正的兴趣。在克里斯蒂安尼亚这里，像我这样钻研特殊理论的人十分孤单。没有人理解我，没有人对我的工作有兴趣。

在见过 Lie 之后的 1884 年秋，Engel 在一封信中写道 [27, p. 312]：

> 我的旅程有两个目标：一方面，在 Lie 本人的指导下，我将

沉浸到他的理论中去；另一方面，我要对他施加某种压力，使他对自己的理论进行系统的整理，在这方面我将助他一臂之力。

Lie 想写一部关于变换群的综合专著，而不单单是对他的新理论的一个介绍。它"应该论述得系统而且尽可能地严格，并在很长时间内都保持其价值"[9, p. 11]。

Lie 和 Engel 每天见两次面，上午在 Engel 的住所，下午在 Lie 的住所。他们首先列出章目，然后对每一章，Lie 写出一个提纲，Engel 则补充细节。据 Engel [9, p. 11] 所说：

> 每一天，Lie 所完全独自构建的结构之壮美令我耳目一新。我很惊讶，在那之前，他发表的东西仅仅给出了一个模糊的想法。初步编辑的工作在圣诞节之前完成，此后 Lie 用了几周时间浏览所有的材料，以确定终稿。自 1885 年 1 月末，编辑工作重新开始；修订了已经完成的章节。当我 1885 年 6 月离开克里斯蒂安尼亚时，已经有的手稿据 Lie 估计可以装满约 30 个打印架。整个工作完成将在 8 年以后，而且 30 个打印架将变成 125 个，这在当时是我们两个都无法想象的。

在 Engel 在这里的 9 个月内，Lie 和 Engel 紧张地工作。这一合作对双方都是有益的。对 Engel 来说，这也许是引领他进入 Lie 理论的最好途径，并且为他以后的数学研究打下了基础。根据 Lie 和 Engel 后来的学生 Kowalewski 的说法 [9, p. 10]："Lie 仅凭他自己不可能给出这样一个阐述。他可能会淹没在当时充盈在他头脑中的思想的浪潮中。Engel 成功地为这个混沌的思想宝藏引入了系统的秩序。"

返回莱比锡后，Engel 完成了题为"论连续变换群的定义方程"的大学授课资格论文，成为一名讲师。

1886 年，Klein 由于种种原因搬迁到哥廷根（关于 Klein 的生涯的简短描述，可见 [18]）。多亏 Klein 的努力，Lie 在同年搬到莱比锡接受了一个几何学的职位。对此的更多描述将在后文中给出。

当 Lie 于 1886 年 2 月访问莱比锡以准备其迁移时，他很激动地写信给妻子 [27, p. 320] 说："据我所知，除了 Abel 和我，还不曾有别的外国人被德国的大学聘为教授！（瑞士在这里不算外国。）太奇妙了。在克里斯蒂安尼亚，我常常觉得怀才不遇，所以这对我确实是一个不可多得的幸运。"

莱比锡是著名的数学家和哲学家 Leibniz 的故乡，是一个主要的文化和学术中心。对 Lie 来说，与故乡相比，这里已算是学术天堂了。

1886 年 4 月，Lie 成为莱比锡大学的几何学教授和数学研究所所长。

Lie 和 Engel 继续紧张地合作他们关于变换群的著作。1888 年，位于莱比锡的德国领头的科学出版社 Teubner，出版了《变换群理论》(*Theory of transformation groups*) 的第一卷，共 632 页。

在那一年，自 Friedrich Schur 离开后，Engel 成了 Lie 的助手。当 Lie 于 1889 年去精神病诊所时，Engel 代替 Lie 上课。

他们合作的第二卷书于 1890 年出版，共 555 页；第三卷于 1893 年出版，共 831 页。

要是没有 Engel 的重要贡献，Lie 与 Engel 合著的这三卷大部头著作根本不可能面世，甚至无法动笔。

这是大手笔。Eduard Study 在对第一卷的长达 21 页的书评中写道 [9, p. 16]：

> 本书对 Lie 教授多年以来在期刊上各篇论文中发展起来的广博理论给出了一个通透的描述 …… 因为大多数论文都不是那么广为人知——由于 Lie 的文风简练，虽然其价值巨大，但其内容对科学界来说几乎仍属未知。出于同样的原因，我们要感谢作者，远离我们这个时代竞争激烈到令人无法喘息的尘嚣，能把握罕有的机会让他的思想平和地走向成熟，然后把它们整理成和谐的形式，进而深入思考下去。这并不是一本由一些作者写出的旨在向众人介绍其理论的教科书，而更像是一个人的创造 …… 当我们断言数学中只有很少的领域不会为这个新学科的基本思想所丰富时，我们相信这并没有言过其实。

可能有趣的是，注意到此处并没有提及 Engel 对这一巨著的作用和贡献。也许在当时的德国文化中，一个资历稍浅的作者或协助者的帮助是理所当然的。

不过 Lie 在第三卷的序言中写道：

> 对我而言，Engel 占据着一个特殊的地位。1884 年，在 F. Klein 和 A. Mayer 的促动下，他来到克里斯蒂安尼亚帮助我准备我的理论的一个连贯描述。他接受了这一使命，当时他还不知道任重而道远，坚持不懈与贯通技巧是他的典型特征。在这段时期，他也发展出一系列属于他本人的重要思想，他以一种最无私的方式将它们详细而系统地描述在本书中，而仅仅满足于给《数学年刊》(*Mathematische Annalen*) 和《莱比锡学人报告》(*Leipziger Berichte*) 提交简短的片段。相反，他不停地将他的天分和教学之外的时间，倾注到将我的理论表述得尽可能地完备而系统化、

当然首要的是尽可能地精确。由于这个工作前前后后延续了 9 年之久，我本人，还有在我看来的整个科学界，都要对他致以最崇高的敬意。

Lie 和 Engel 在著书和教学两方面都形成了团队。有一些学生同时跟着 Lie 和 Engel 学习。Engel 对 Lie 在教学方面取得的成功也有贡献。例如，在莱比锡获得博士学位的学生中，有一大部分都是在 Engel 的指导下完成学位论文。Lie 在第三卷的序言中也对此向 Engel 表示感谢。

但这个序言同时还包含了对 Lie 与 Klein 的一些冲突的描述，Engel 的学术前程也因此受到牵连。更多细节见后文。

Lie 在精神崩溃前的最后一个重要结果

在搬到莱比锡以后，Lie 工作非常勤奋努力，也非常多产。虽然莱比锡在学术上促进了 Lie，但对他来说也并非毫无压力，他与其他人的关系也很复杂。"工作的压力、合作的问题以及家事负担，使他失眠和沮丧，1889 年他有过一次彻底的精神崩溃"[27, p. 328]。Lie 不得不去一个精神病诊所，并在那里待了几个月。医生给他用了鸦片，但治疗没有效果，于是他决定自己给自己治病。[4] 他在给朋友的信中写道 [26, p. XXIII]：

> 后来我开始睡不好，最终甚至根本睡不着。我不得不中止我的讲课，住进一家精神病诊所。不幸的是，我不是个好伺候的病人。我总是认为，医生没有完全了解我的病情。我服用了大量的鸦片来镇定我的神经，但无济于事。安眠药也不起作用。
>
> 三四周以前我就厌倦了待在精神病诊所。我决定试试看自己能够为重获平衡和睡眠的能力做些什么。现在我做了医生所说的无人能够忍受的事情，也就是说，我完全停止了服用鸦片。这曾经是巨大的痛苦。但现在，违背医生的建议，我已经作了好几天的身体锻炼。
>
> 我希望一周内我能完全克服鸦片治疗的有害副作用。我认为医生给我用鸦片只会害了我。
>
> 我的神经还是绷得很紧，但我的身体仍然有活力。我要自己治愈自己。我将从早到晚地走路（医生说我疯了）。通过这种方

---

[4] 根据现在接受的理论，Lie 患的是恶性贫血性精神病，这在当时是无法治愈的一种疾病。人们也认为，他与 Klein 和其他人的不良关系有部分原因就是这个病引起的。见 [9] 中关于 1886—1898 年这一时期的一节内容以及那里的参考文献 [29]。

式，我将排除掉鸦片的所有污秽，以后我将慢慢恢复自然睡眠的能力。这是我的希望。

最终他认为自己康复了，然后离开了诊所。但事实上他离开时并没有治愈。在诊所的诊断报告上，他当时的情况记录是"忧郁症尚未治愈"[27, p. 328]。Lie 的朋友和同事发现了他对其他人的态度和他本人的行为的变化：不信任、控诉别人窃取他的想法。事实上，根据 Engel[27, p. 397] 的说法，Lie 确实恢复了其数学方面的能力，但"作为普通人并未恢复。他的对人不信任与容易发怒不仅没有被驱散，甚至与日俱增，以至于生活对他和他的朋友来说都很不容易。最痛苦的是，他绝不能容忍自己公开说出意气消沉的原因"。

当他忙于教学和展开其结果时，Lie 没有多少时间触碰新课题。不过当他在精神病诊所时，他重新研究了关于几何学公理的所谓 Helmholtz 问题[5]，并写了两篇这个主题的论文。

Lie 对这个问题思索了很久，他批评了 Helmholtz 的工作，并对 Klein 提及了他的抱怨。据 [27, p. 380-381] 说：

> 很早的时候，Lie 就非常清楚他发展的变换群的理论跟非欧几何有关联，早在 1875 年写给 Mayer 的一封信中，Lie 就指出了，Helmholtz 自 1868 年以来关于几何学公理的工作，从基础和根本上来说，都是一类变换群的研究："我对此构想很久了，在读到他的工作时最终确认了它。"
>
> Klein 在 1883 年也问 Lie 对 Helmholtz 的几何工作怎么看。Lie 立即回答说他发现其结果是正确的，但 Helmholtz 对实数与复数的情形做了区分，这是不合适的。稍晚些时候，在更深入地研究了 Helmholtz 的论著后，Lie 告诉 Klein 说，Helmholtz 的工作有"本质的缺陷"，而且他认为用 Helmholtz 所采用的初等方法几乎不可能弥补这些缺陷。Lie 开始完善和简化 Helmholtz 的空间理论……

Lie 在 1884 年写信给 Klein 说 [26, p. XXVI]：

---

[5] Lie 在 Helmholtz 问题方面的工作在 20 世纪初似乎很有名。(这也许是因为：(1) Hilbert 在其 1899 年出版的《几何基础》(*Grundlagen der Geometrie*) 的附录中讨论了这个问题。(2) H. Poincaré 将这个定理写入了其 1904 年出版的科普名著《科学与假设》(*Science and Hypothesis*) 中。——译者注) 根据 [5] 定理 16.7，Lie-Helmholtz 定理断言，常曲率空间，即欧几里得空间、双曲空间和球面，就是那些具有充分多的等距的空间：即，对于任意两个全等的有序三元点组，存在空间的一个等距将其中一个三元点组映到另一个三元点组，所谓两个有序三元点组 (v_1, v_2, v_3) 与 (v_1', v_2', v_3') 全等，是指如果对应的距离相等，即对所有的 i, j，都有 $d(v_i, v_j) = d(v_i', v_j')$。Weyl 与 Enriques 关于这个定理的论文索引可见 [5]。

> 如果我曾达到像从前对三维空间的所有群和点变换的计算那样的完善，我将从一个纯粹解析的观点来探讨 Helmholtz 关于度量几何的假设。

据 [27, p. 381] 说：

> Lie 对 Helmholtz 的空间问题做了进一步研究，并向 Klein 吐露，对这个问题的前期工作现在得到了满意的结论——至少当考虑有限维变换群时，只有有限多个参数。于是，只需要将这一论证推广到包括无限维群的情形。

Lie 关于 Helmholtz 问题的工作使他在 1897 年被授予第一届 Lobatschevsky 奖。Klein 为 Lie 的工作写了一个强有力的推荐报告，这也是他获奖的决定性因素。

Lie 的主要工作概览

如前所述，Lie 非常多产，写了几千页的论文和多部论著。他的名字将永远与 Lie 群和 Lie 代数以及数学中的其他几十个概念（几乎全都涉及 Lie 群和 Lie 代数）联系在一起。一个自然的问题是：Lie 对 Lie 理论真正贡献了什么？第二个自然的问题是：除了 Lie 群和 Lie 代数，Lie 还做了什么？

由于 Lie 的写作风格，阅读理解 Lie 的工作是很不容易的。有一套称为《李群：历史、前沿及应用》(*Lie Groups: History, Frontiers and Applications*) 的丛书，其中有一本收录了 Lie 的论文的英译本 [21]，还有 E. Cartan, Ricci, Levi-Civita 和其他更近代的人的经典著作和论文，Robert Hermann 在该书序言中写道：

> 在为了对这些翻译发表评论而做准备时，我阅读了 Lie 的工作，我被从他的工作中涌出的几何思想之丰富与优美惊呆了。其中仅有一小部分融入主流数学中。他的思考和写作都很粗线条，并且是以一种现在看来已经过时的方式，在我们当代的科学刊物中一定会被枪毙！在本卷以及接下来各卷中翻译的论文，呈现了 Lie 最狂放伟大的一面。

虽然如此，我们还是尽力提供一些简短的概括。虽然《大英百科全书》的文章面向的是受过教育的大众，但关于数学家的文章通常给出了比较受认可的总结。因此，**在 Lie 群的整体理论被 Weyl 和 Cartan 发展之前，看一看这样一篇关于 Lie 的文章也许是富有教益和趣味的。**《大英百科全书》中写于 1911 年的一篇文章总结了 Lie 在 Lie 理论方面的工作：

Lie 的工作在 19 世纪最后几十年对数学科学的进展产生了巨大影响。他最初的目标是提升和精心阐述微分方程的理论，正是为此目的，他开创了变换群的理论，这表述在他的《变换群理论》（3 卷，莱比锡，1888—1893）中。这部著作视野宽阔，极富原创性，也许正是此书最令他著名。他的连续群理论的一个特殊应用是非欧几何的一般问题。上面提到的这部书的后一部分致力于研究几何学的基础，依据的是 Riemann 和 Helmholtz 的观点；他曾打算在 G. Scheffers 博士的协助下出版一部关于其几何研究的系统论著，但出版的只有一卷《切触变换的几何学》（*Geometrie der Berührungstransformationen*，莱比锡，1896）。

这篇文章的作者在 1911 年也许没有预见到 Lie 理论的广阔范围和多层面的应用。根据我的所见所闻，可以列出 Lie 的主要工作如下：

(1) 直线簇[6]。Lie 的这一工作是他后来关于微分方程和变换群、进而 Lie 理论 [13] 的工作之基础。它还包含了环胚多样体的起源。

(2) Lie 球面几何与 Lie 切触结构。切触变换与切触几何密切相关，切触几何是在奇数维时与辛几何相对应的理论，在物理学中有广泛的应用。最近，它被应用于低维拓扑学。

(3) 微分方程的积分理论。这个课题曾一度陷于沉寂，后来伴随着与可积系统和隐对称的紧密联系而恢复生机。

(4) 变换群（或 Lie 群）的工作。在 Lie 群的发展、成熟和应用中，这产生了巨大的影响。变换群理论的研究在 20 世纪 60-70 年代达到了其高潮。随着时间的推移，Lie 群的理论将会变得愈加重要，而且只要有数学，就会屹立不倒。

(5) 无穷小变换群（或 Lie 代数）。Lie 代数比 Lie 群简单，而且首先是作为理解 Lie 群的工具，但它们自身也很重要。例如，无限维的 Kac-Moody Lie 代数是通常的有限维 Lie 群的自然推广，它们的重要性和应用现在已经得到确认。虽然它们也有对应的 Kac-Moody Lie 群，但尚不清楚那有多大用处。

(6) 对 Erlangen 纲领的巨大贡献，这由 Klein 写下并公开提出，其成功和影响是导致 Lie 与 Klein 友谊破裂的部分原因。Lie 对这一纲领的表述和发展都有贡献，他的作用越来越得到数学史家和数学工作者的认可。

(7) Helmholtz 空间问题：决定其几何性质可以被刚体运动群确定的几何

---

[6]在代数几何中，直线簇是 Grassmann 流形 $G(4,2)$（通过 Plücker 坐标嵌入到 $\mathbb{P}^5$ 中）与某超曲面的交集。——译者注

学。见脚注 5。这一问题的解决促成 Lie 被授予 Lobatschevsky 奖。Lie 的这一工作也对 Poincaré 的几何工作有巨大影响。

(8) 极小曲面。1878 年，基于 Monge 关于极小曲面的 Euler-Lagrange 方程的求积工作，Lie 指出每一个极小曲面都联系着一条复解析曲线。这个联系催生了丰富的成果。与 Weierstrass, Riemann, Schwarz 等人的工作一起，这为 19 世纪末的极小曲面理论引入了复变函数理论的方法与结果的广泛应用。

Lie 理论中 Lie 的三个基本定理

当人们谈论 Lie 的工作时，通常会提及 Lie 的三个基本定理。他的第二定理和第三定理是众所周知的，在许多关于 Lie 理论的教科书中都会讲到。另一方面，绝大多数关于 Lie 群和 Lie 代数的书都不会提及 Lie 的第一基本定理。下面的讨论将会解释其原因：

(1) 它讨论的是变换群理论的一个基本问题，而不是抽象 Lie 群上的问题。

(2) 这个结果是如此基本以至于人们通常会直接承认。

我们首先在原始的变换群的框架内讨论这些定理，稍后将用现代的语言总结所有三个定理。

Lie 的第一定理说，局部群在流形上的作用可被它在流形上所诱导的向量场决定。因为流形上的向量场空间（在 Lie 括号运算下）构成一个 Lie 代数，因此对 Lie 群作用的研究归结为对 Lie 代数的研究。

这是 Lie 的一个深刻洞察，也是人们之所以说 Lie 将对 Lie 群的研究归结为对 Lie 代数的研究从而将一个非线性对象归结为一个线性对象的原因之一。

对于流形上的一个单参数局部微分同胚群，它的作用就是由该流形上的一个向量场所决定的。反之，对给定的向量场存在对应的局部解，这在 Lie 那个时代应该是众所周知的。不过那时对流形没有适当的定义，然而并不需要流形的观念，因为在 Lie 的工作中的 Lie 群作用是局部的，从而可以视为作用于 $\mathbb{R}^n$。

在 Lie 的陈述中，要点在于说明，在一个流形 M 上，由 Lie 群 G 的作用所给出的那些向量场实际上是来自于 $\mathfrak{g} = T_e G$ 到 M 的向量场空间 $\chi(M)$ 的某个同态（定理的一部分就是证明 $\mathfrak{g} = T_e G$）。

Lie 的第二定理说，一旦给定了一个 Lie 代数同态 $\mathfrak{g} = T_e G \to \chi(M)$，就存在一个局部作用。重要的一点是，总能找到一个 Lie 群 G，它的 Lie 代数就是 $\mathfrak{g}$。

Lie 的第一、第二基本定理的一个特殊情形是：流形 M 上的单参数微分同胚群 ϕ_t 相当于 M 上的一个向量场。这有两方面的含义：

(1) 通过对 ϕ_t 求导可以得到一个向量场 X，而且 ϕ_t 可被 X 唯一确定。这个唯一性是因为 ϕ_t 满足某个常微分方程。

(2) 给定向量场 X，总可以找到一个单参数局部微分同胚群 ϕ_t，它求导后就给出 X。若 X 是紧的，则这些 ϕ_t 都是整体微分同胚。这相当于说，流形上的一个向量场通过积分可以产生一个流。

Lie 的第三定理说，任给一个抽象 Lie 代数 $\mathfrak{g}$ 与一个 Lie 代数同态 $\mathfrak{g} \to \chi(M)$，必可找到一个局部 Lie 群（或 Lie 群的芽）G 连同 G 在 M 上的一个作用，使得该作用诱导出同态 $\mathfrak{g} \to \chi(M)$。

Lie 对 Lie 群的作用感兴趣。而今的人们对抽象 Lie 群的理论更有兴趣，并且通常将这些结果用**抽象** Lie 群和 Lie 代数的术语重新表述：

(1) **第一定理**应该被陈述为：Lie 群同态在局部上是由对应的 Lie 代数同态所决定的。

(2) **第二定理**说：Lie 群的任何同态都可以诱导出 Lie 代数的同态。反之，给定一个 Lie 代数的同态，必有一个 Lie 群的局部同态与之对应。如果这个局部同态定义在一个单连通的 Lie 群里，则还有一个整体的 Lie 群同态与之对应。

(3) **第三定理**说：给定一个 Lie 代数 $\mathfrak{g}$，存在一个 Lie 群以 $\mathfrak{g}$ 为 Lie 代数。（注意到这里没有群作用，因此这个陈述不同于此前的陈述。）

与 Klein 的关系之第一阶段：富有成果的合作

在 Lie 和 Klein 之间有许多不同和相似。Lie 是一个脾气和善、真正伟大的数学家。例如，他在假期为美国学生免费开课，以帮助他们适应之后他的正式课程。他不怕麻烦地帮助他的博士生。他不受拘束，他的讲课很少事先打磨，有时甚至乱七八糟。

Klein 则是一个视野开阔的优秀数学家，在数学圈他也是一个有权势的政治家。他是一个高贵而刻板的绅士。他的讲稿总是精心打磨，组织得很好。

Lie 与 Klein 的第一次见面是在 1869—1870 年冬季学期，地点在柏林，并且他们成了亲密的朋友。他们的合作研究以及关于他们的数学工作和生涯的讨论，其重要性是不可低估的。例如，正是 Klein 帮助 Lie 看清了他关于微分方程的工作与 Abel 关于代数方程的可解性之间的相似，从而激发 Lie 发展起一个与代数方程的 Galois 理论类似的关于微分方程的一般理论，这引出了 Lie 理论。另一方面，正是 Lie 为 Klein 的 Erlangen 纲领的一般思想提供了大量的证据，并极大地推动了该纲领的发展。

Klein 还以多种方式帮助提升 Lie 的研究工作与职位。例如，当 Klein 离开莱比锡时，他力排众议确保了空缺的职位留给 Lie。Klein 还代表德累斯顿的皇家撒克逊文化部起草了给莱比锡大学哲学教员会的推荐信，其中关于 Lie 的评价如下 [9, p. 12]：

> Lie 是唯一可以凭借其性格与思维方面的原创性而有能力建立一个独立的几何学派的人。Kregel von Sternback 奖学金的颁发已经向我们证明了这一点。我们派送了一个年轻的数学家——如今已成为我们的讲师 Engel 博士——到克里斯蒂安尼亚向 Lie 学习里，他从那里带回了极丰富的新思想。

为了帮助读者理解，此处引用 Weierstrass 在那时写的一封信 [9, p. 12]：

> 我不能否认 Lie 已经让数学界共享了他的优秀工作。但他作为学者或教师都没有如此重要，只是他作为一个外国人，通常会比我们同样可行的同胞得到优待。现在，人们好像把他当作第二个 Abel，不惜一切代价地宠着他。

Weierstrass 所想到的一个特别的同胞是他从前的学生 Hermann Schwarz，他也是一个伟大的数学家。

Klein 对 Lie 的另一个关键贡献是派 Engel 去帮助 Lie 写下他关于变换群的深刻工作。如果没有 Engel，Lie 的贡献也许不会如此为人所知，因此可能不会像现在一样对数学和物理产生如此巨大的影响。说来有点可惜，在 Lie 和 Klein 决裂后，Engel 也遭到了 Klein 的冷遇，因为他是 Lie 的合作者。再次峰回路转的是，Lie 去世后，Klein 却要求 Engel 认真编辑 Lie 的论文集。

与 Klein 的关系之第二阶段：冲突，包括那篇著名的序言

Lie 和 Klein 的关系破裂之所以著名，是因为 Lie 在他与 Engel 合著的第三卷《变换群理论》的序言中的一句话：

> 我不是 Klein 的学生，Klein 也不是我的学生，虽然后者可能更接近于事实。

这句话经常被人作为孤立的一句话来引用。它听起来非常激烈和令人惊讶，但这背后是有原因的。焦点在于，当时已经很有名的 Erlangen 纲领的表述与思想有多大部分要归功于 Lie。从 Lie 的序言中多引用几段也许能帮我们增进了解 [9, p. 19]：

在那些年，我将我的想法一直分享给 F. Klein，他碰巧对离散群发展起类似的观点。在其 Erlangen 纲领中，他报告了他和我的思想，不过他也讲到了另外一些群，这些群在我的语汇中既不是连续群也不是离散群。例如，他提到所有的 Cremona 变换构成的群和所有的扭曲变形构成的群。在这些群与我称之连续群（考虑到我的连续群可以用微分方程来定义）的群之间存在着本质的差别，而这似乎被他遗漏了。而且，在 Klein 的纲领中，几乎没有提到微分不变量这个重要概念。Klein 对这个概念毫无贡献，基于它可以建立一个一般的不变量理论，正是从我这里，他知道了任何一个从微分方程组定义出来的群都可以给出微分不变量，而且这些不变量可以借助方程组的积分来求得。

我觉得有必要做出这些评论，因为 Klein 的学生和朋友一再讲错他的工作与我的工作之间的关系。而且，相伴于 Klein 的有趣纲领的新版本（目前至少出现在四个不同的期刊中）的一些评论也是不对的。我不是 Klein 的学生，Klein 也不是我的学生，虽然后者可能更接近于事实。

当然，我这么说并不意味着要批评 Klein 在代数方程和函数论方面的原创性工作。我承认 Klein 有很高的才能，而且永远不会忘记他对我的研究工作表现出的理解与兴趣。然而，我认为，他没有充分地区分归纳与证明，区分一个概念与其应用。

据 [27, p. 317] 称，在同一篇序言中：

Lie 曾断言，Klein 没有清晰地区分在 Erlangen 纲领中所提到的那种群——例如，所有的 Cremona 变换构成的群和所有的扭曲变形构成的群，在 Lie 的术语中，这既不是连续的，也不是离散的——与 Lie 后来用微分方程所定义的群：

"在 Klein 的纲领中，看不出微分不变量之重要性的迹象。从这个概念出发可以建立起一套不变量理论，但它被 Klein 忽略了。而正是从我这里，他学到了，每个由微分方程定义的群确定了一组微分不变量，它们可以通过对完全可积方程组积分而求出。"

……Lie 接着说，在他们对几何基础的研究中，Klein 还有 Helmholtz, de Tilly, Lindemann 和 Killing，都犯了严重的错误，而这很大程度上可能是因为他们缺乏群论的知识。

为理解 Lie 的这些措辞激烈的言语，也许有必要做些解释。根据 [26, pp. XXIII-XXIV]：

> Sophus Lie 慢慢发现，Felix Klein 对他的数学工作的支持不再与 Lie 本人的兴趣一致，因此两个朋友之间的友谊开始冷淡了。当 1892 年 Klein 打算重新发表 Erlangen 纲领并解释其历史时，他寄了一份手稿给 Sophus Lie 评论。看到 Klein 所写的内容，Sophus Lie 很不快，因为他得到这样的印象，他的朋友现在想分享 Sophus Lie 视为一生成就的工作。为了弄清事实，他要求 Felix Klein 借给他那些在 Erlangen 纲领发表前写给 Klein 的信件。当他得知这些信件不在以后，Sophus Lie 在 1892 年 11 月写信给 Felix Klein。

Sophus Lie 在 1892 年 11 月写给 Felix Klein 的信如下 [9, p. XXIV]：

> 我很细致地读了你的手稿。首先，我觉得你站在自己的角度所给出的任何表述方式都无法得到我的肯定。在你目前的报告中，甚至有几处我曾严厉批评的地方都是不对的，至少是有误导的。我将尽可能将我的批评集中于具体的地方。如果我们无法达成一致，我觉得唯一正确合理的办法是，我们各自独立地给出自己的观点，让数学圈的人们自己去判断吧。
>
> 眼下我只能说，我对你烧掉我如此重要的信件是何其伤心。在我看来，这就是在毁灭文物；我记得你答应过要好好保存的！
>
> 我曾告诉过你，我已不再天真。尽管 1869—1872 年间的事仍留给我美好的回忆，但我还是要把哪些是属于自己的弄清楚。而你似乎有时候通过应用我的思想而自认为是它们的主人。

对冲突的起因，Lie 的完整传记 [27, p. 371] 给出了其他的细节：

> 他们（Lie 和 Klein）之间的关系在近些年冷淡了，虽然他们依旧互通信件，但不及早先频繁了。Lie 现在之所以与 Klein 决裂，首要的原因是他们存在学术分歧。自 Lie 出版了《变换群理论》第一卷后，Klein 觉得非常有必要重新发表他的 Erlangen 纲领。但在 Klein 1872 年的文本更新之前，Klein 联系 Lie 商榷他俩在 20 年前的研究关系与思想交流该如何下笔。对 Klein 关于这一思想和工作的描述，Lie 提出了强烈反对。然而，Klein 的新版本 Erlangen 纲领出版了，而且发表在德国、意大利、英国和法国的四个不同刊物——而只字未提的是，Lie 对他曾协助表述的、

这个有了 20 年历史的纲领的评论。在数学圈内，对出现在前一代数学家中的几何学的范式转移，Klein 的 Erlangen 纲领越来越被认为是起着中心的作用。Lie 关于变换群的伟大工作的第三卷中有很大一部分致力于深入讨论作为几何学基础的假设与公理，那些公理——不论是否接受 Euclid 的平行公理——完全清楚地解释了古典几何学与 Gauss, Lobachevsky, Bolyai 和 Riemann 的非欧几何学。

按照 Lie 的说法，流行一时的关于 Klein 与 Lie 各自工作的关系的传言都是不对的、误导人的。Lie 认为他被搁在一边了，渴望"拨乱反正"，因此抓住了第一次、同时也是最佳的机会。他在其著作的正文前写了一篇长达 20 页的序言。这个破坏了他们的友谊并在数学圈激起轩然大波的惊人事件，来得极其突然而且令人不快。

Klein 在当时是德国数学界、甚至也是欧洲数学界的权威人物。人们对 Lie 的这篇言辞激烈的序言做何反应？也许 Hilbert 在 1893 年写给 Klein 的一封信可以对此做出解释 [26, p. XXV]："在第三卷中，他的狂妄自大像火焰一样喷发。"

与 Klein 的这一冲突似乎并没怎么影响 Lie 的职业生涯，因为他在莱比锡仍有职位。但 Engel 就不同了。因为 Engel 的名字也出现在这本书中，所以他将付出代价。Engel 当时在找工作，而 Hilbert 故乡所在的哥尼斯堡大学刚好有空缺，对 Engel 来说，这也是一个自然和心仪的选择。Hilbert 曾经在该校担任数学教授，他在给 Klein 的同一封信中继续写道 [26, p. XXV]："我已经完全排除了 Engel。虽然他在序言中没有发表任何意见，但我认为，对于 Lie 在变换群的第三卷著作中所充斥着的无法理喻和没有意义的私人仇怨，他作为合作者，同样负有不可推卸的责任。"

Engel 几年都得不到学术职位，[7]Klein 先后安排他编辑 Grassmann 和 Lie 的论文集；他用了几十年时间编辑 Lie 的全集。

与 Klein 的这一冲突的另一个后果是，Lie 无法完成曾提议的与 Engel 合作关于变换群对微分方程应用的著作。据 [27, p. 390-391] 说，自从这三卷《变换群理论》出版后，

---

[7]另一方面，Engel 的结局都不错。1904 年他接受了他的朋友 Eduard Study 在格赖夫斯瓦尔德大学辞去的数学职位，1913 年，他成为吉森大学的数学教授。Engel 还获得了 Lobachevsky 金质奖章。不同于他的导师 Lie 和同胞 Wilhelm Killing 所获得的 Lobatschevsky 奖，Lobachevsky 奖章仅在少数场合颁发给提名该奖获奖人的评议人，例如，Klein 在 1897 年也获得了 Lobachevsky 金质奖章，因为他对 Lie 的工作报告。见 [28]。

  Lie 为自己设定的下一步任务是，将已经完全表述的内容进一步完善和应用。但带有对 Klein 的强烈指责的（第三卷）这个序言，对进一步的工作产生了障碍。因为在同一篇序言中，Lie 将 Engel 的 "精准" 与 "无私行为" 夸到天上，于是 Engel 很难继续跟 Lie 合作了——后果是，早先宣称的包括微分不变量和无限维的连续群的后继工作，无一出现。对 Engel 来说，其职业前景现在必定与 Lie 分道扬镳。据 Lie 的德国学生 Gerhard Kowalewski 说，Lie 与 Engel 的关系慢慢变得如此冷淡，以至于他俩不会同时出现在一个地方。

  应该指出的是，在这个序言写出之前，Lie 和 Engel 之间的关系就一度冷淡。起因是，Lie 与 Killing 由于在 Lie 理论特别是 Lie 代数方面的工作有重叠而产生了摩擦。出于某些原因，在初期阶段，Killing 与 Engel 通信并引用了 Engel 而不是 Lie 的某些论文，而 Lie 认为 Engel 不守信用。对此更详细的讨论可见 [27, pp. 382-385, p. 395]。[8]Lie 去世后，Engel 以各种方式延续和推进了导师的工作，比如参见本文最后一部分内容。他是一个忠实的学生，获得奥拉夫二世（St Olaf）挪威人勋章和奥斯陆大学的荣誉博士学位完全是实至名归。

  也许还有一个因素导致了这些冲突。[9]这就是投身于做原创性工作的所有研究学者的内在的疯狂，特别是数学家和科学家。根据 Lie 的侄子 Johan Vogt——奥斯陆大学的经济学教授，同时也是翻译家、作家和编辑——在 1930 年对他的叔叔的一个评论：

>   关于人的一种广为接受的看法会对我们有所帮助。每个人自身都有一定比例的正常和某种也许可以称为疯狂的东西。我认为我的大多数同事有 98% 的正常和 2% 的疯狂。但 Sophus Lie 的疯狂显然要更多些。显著的科学天分加上几近无法控制的冲动，也许可以描述许多伟大的数学家。在 Sophus Lie 身上，这个组合非常明显。

---

 [8]Manfred Karbe 指出，Kowalewski 在其自传 [20, pp. 51-52] 中怀疑 Lie 与 Engel 越来越疏远，并报道了 Lie 对三卷《变换群理论》的不喜欢。当 Lie 在课堂或讨论班上需要用到他的一些东西的时候，他从不用这些书而只用他发表在《数学年刊》上的论文。Kowalewski 在第 52 页倒数第 5 行继续写道："由此可以理解，他把对这本书的厌恶转移到了合作者——那个他本应深表感激的人。"

 [9]通过建立天才与疯子之间的关系可以得到 Lie 在与 Klein 的冲突中的行为的解释。据 [27, p. 394] 说，Lie 去世后，"Klein 发表了一个演说，它流传甚广，尤其是因为，除了他对老朋友的高度赞扬以外，他还提出了天才与疯子之间的密切关系，Lie 还一度受到令他纠结困扰的不良精神状况的打击——至少，从他的演讲记录来看，这是他所采用的解释"。

指出这一点也许是有益的，后来在 Lobatschevsky 奖委员会的要求下，Klein 对 Lie 在其第三卷《变换群理论》中的重要工作写了一个强有力的报告，从而确保了 Lie 获得了历史上第一个 Lobatschevsky 奖。

也许同样有益的是，看看 Klein 对 Lie 有关这一冲突的工作的评价。Hubert Goenner 友好地为我提供并翻译了 Klein 的一段话 [19, pp. 352-353] 如下：

> 现在我将补充一点个人评论。所提到的 Erlangen 纲领是我与 Lie（现今是莱比锡大学的教授，之前是在克里斯蒂安尼亚大学）在私人通信中发展出的展望，这一点我已经在纲领中陈述了。Lie 特别投入到变换群的研究中，发展起一个完整理论，其论述可见于 Lie 和 Engel 编辑的巨著《变换群理论》，第一卷和第二卷分别于 1888 年和 1890 年出版。此外，不久将出版第三卷。显然，我们现在还无法想见数学界对 Lie 理论之内容的反应……我的评论只在于唤起诸位对 Lie 的理论的关注。

Klein 是在 1889 年冬或 1890 年初做出上述评论的，但 Klein 推迟到 1893 年——正是 Lie 与 Engel 的声名狼藉的第三卷序言出现的那一年——才发表。

关于这一不幸冲突和这两位老朋友的最终和解，可见 [27, pp. 384-394]。关于 Klein 的更多信息以及 Lie 与 Klein 关系的相关讨论，可见文章 [18]。

上述讨论表明，Erlangen 纲领的成功是 Lie 与 Klein 冲突的导火线。一个自然而然的问题是：数学史家如何看待这个争论。考虑到 Erlangen 纲领十分有名也十分有影响，毫不奇怪有许多讨论它的历史文章。对于 Klein 和 Lie 对这一纲领的成功及其影响力的贡献，[15] 与 [3] 这两篇文章给出了极不相同的观点。文章 [15] 令人信服地论证了 Lie 在 1872—1892 年期间的工作使得 Erlangen 纲领成为一个具有巨大成果的坚实纲领，而文章 [3] 则致力于否定这一观点。似乎两位作者讨论的事情稍有不同。例如，[3] 解释了 Klein 的影响与 Study, Cartan 和 Weyl 后来的贡献，然而他们的大多数贡献都是在 1890 年以后做出的。[10, p. 550] 中对这一情况的分析看来公正合理：

> 看来直到 19 世纪 90 年代，Erlangen 纲领一直都只是被慢慢地接受，那时所确立起的 Klein 作为哥廷根大学主要数学家的地位，与 Erlangen 纲领的重整旗鼓有密切关系。在那之前也有一些数学家在该纲领的精神的大方向指引下做了相当的工作，但他们究竟在多大程度上受到了该纲领的影响，甚至是否知道这个纲领，都不是很清楚……自 1872 年起，Lie 就着手于建立各种

连续变换群的一个广阔理论，但不论它有多少归因于与 Klein 的早期经历，不论 Klein 为帮助 Lie 于 1886 年获得莱比锡大学的职位付出了多少，说 Erlangen 纲领指引了 Lie 的思想都是令人怀疑的。Lie 是一个极有能力、极富原创性的数学家，用不着其他思想的指引。

与其他人的关系

正如前面提到的，Klein 和 Engel 在 Lie 的学术生涯中都发挥了关键作用。对 Lie 来说，另一个重要人物是 Georg Scheffers，他于 1890 年在 Lie 的指导下获得博士学位。Lie 对 Scheffers 评价很高。在给 Mittag-Leffler 的一封信 [27, p. 369] 中，Lie 写道："我最好的学生之一（Scheffers）正寄给您一份研究成果，这是我亲眼看他完成的，他曾以最优学位论文获得莱比锡的博士学位……Scheffers 具有非凡的天分，他的计算极其准确，创造了新的成果。"

在 Lie 与 Engel 的合作不幸中断后，Scheffers 顶替了 Engel 的位置，在 19 世纪 90 年代早期编辑了 Lie 的两份讲义，分别是：568 页的《具有已知的无穷小变换的微分方程讲义》(*Lectures on differential equations with known infinitesimal transformations*) 与 810 页的《连续群讲义》(*Lectures on Continuous groups*)。Lie 与其他人的所有的这些著书活动表明，Lie 也许没有充分的能力自己写书。例如，他自己只写了一本 146 页的书和一份克里斯蒂安尼亚大学 1878 年的课程纲要。

Scheffers 在 1896 年成为达姆施塔特工业大学的一名讲师，并在 1900 年提升为教授。与 Lie 的合作随着他的迁移而结束。1907 年，他被任命为柏林工业大学的教授，直到 1935 年退休。

据杰出的美国数学家 G. A. Miller[23] 说，自 19 世纪末开始，"当我在 1895 年夏第一次遇见 Lie 时，他给我留下最深的性格特点，就是他的极度率真和对不懂的事的毫不掩饰"。

虽然他受到 Sylow 所教的离散群（毋宁说有限群）的启发，并一直在研究 Jordan 的一本关于有限置换群的经典著作，但他从未真正掌握有限群的理论。Miller 接着说，"事实上他经常在演讲中点评道，当他着手离散群的课题时，他总是被卡住"。

当 Lie 最初抵达莱比锡时，教学对他来说是一大挑战，因为缺乏学生，也缺乏备课时间。在一封给老朋友的信中，Lie 写道 [26, p. XXI]："在挪威时，我每天备课很少用到五分钟，而在德国，我不得不平均每天花费三小时。语言一直是个问题，而首要的是，竞争意味着我每周要上 8—10 节课。"

当 Lie 和他的助手 Engel 决定讲授他们自己关于变换群的工作时，全世界的学生都涌进来了，巴黎高等师范学院派送最好的学生来追随 Lie 学习。这是巨大的成功。根据 Lie 的一个学生回忆 [26, p. XXVII]：

> Lie 喜欢教学，尤其是当课题是他本人的思想时。他与他的学生有活泼的接触，这些学生包括许多美国人，也有法国人、俄国人、塞尔维亚人和希腊人。课堂上提问是他的习惯，而且他通常（省去姓氏）直接叫我们每个人的名字。
>
> Lie 从不系领带。他的络腮胡子覆盖了本应系领带的地方，因此即便是最光彩夺目的领带也会黯然失色。上课之前，他会灵敏地松开衣领，说一句"我喜欢自由"，然后这样开场："先生们，请把你们的笔记给我看看，这样我就能想起上节课我们讲到哪里了。"然后坐在前排的学生会递上笔记，而 Lie 则慢悠悠地点点头，说"现在我想起来了"。在对困难的问题、特别是关于 Lie 的复积分理论的那些问题，甚至会发生这样的情况，我们这位自然是不做任何准备的大师，卡壳了。这时候他会请最优秀的学生来帮他解围。

Lie 有许多学生，也许其中最有名的是 Felix Hausdorff。Lie 曾试图劝说 Hausdorff 跟他一起研究一阶偏微分方程，但没有成功。当然 Hausdorff 最有名的工作是在拓扑学方面。对于 Hausdorff 的一个描述及其与 Lie 的接触，可见 [27, pp. 392-393]。

终其一生，Lie 通常认为自己没有被充分认可和赏识。这也许可以用他在数学中的起步较晚和早期在挪威很孤立来解释。他很关注其他人对他工作的反应。例如，在 1882 年 10 月给 Klein 的一封信 [25] 中，Lie 谈论起 Darboux：

> Darboux 极其深入地研究了我的工作。至少他在巴黎大学对我的理论做了更多的讲座，例如直线与球面的几何学、切触变换和一阶偏微分方程，这是好的。但可气的是，他接连抢夺我的成果。他做了些非本质的修改然后拿去发表，但从来不提我的名字。

Lie 的论文集：编辑、评论和出版

因为 Lie 的理论如此有名，而且在 Lie 群和 Lie 代数的不同方面有了许多著作，所以 Lie 的论文集对一般数学家和学生来说并不熟知。对某些人来

说，Lie 的论文集的编辑和出版既有价值又有趣味。考虑到这一点，我们将收入一些相关的评论。

因为 Lie 去世时还比较年轻，他的论文集的编辑的任务就完全责落旁人。后来表明，Sophus Lie 的论文集的编辑与出版十分不容易，而且对出版者而言是一笔沉重的经济负担。这一情况在 [6] 中很好地解释了：

> Sophus Lie 去世 23 年之后，他的论著的第一卷出版了。这并不是说，这期间没有做任何事情让他的工作尽快地出版。自他去世后，很快就考虑到这件事，但出版像他这样恢宏的著作的方式引发的困难让人放弃了。早些时候，克里斯蒂安尼亚的科学出版社曾有过启动出版的失败尝试，但直到 1912 年才给出明确的方案；后来莱比锡科学出版社数学物理部门和 B. G. Teubner 出版公司才行动起来。Teubner 公司提出了一个捐款计划以筹措部分出版资金并在稍后发出了捐款邀请函。然而一开始的反应并不热烈，在 Lie 的祖国挪威，第一轮邀请函中仅仅收到了三笔捐款。
>
> 在此形势下，承接这一紧迫任务的 Engel 诉诸一种非常手段。他找挪威的《每日新闻》报社帮忙。1913 年 3 月 9 日，克里斯蒂安尼亚的报纸《未来少年》(*Tidens Teen*) 刊登了 Engel 的一篇短文，标题是"Sophus Lie 的论文全集"，该文强调了 Lie 的祖国在回应帮忙出版他的论文集方面的失败。这引起了主编的注意，他发起了运动，这产生了两个重要结果：挪威有了一批捐款人，同时议会也提供了一笔专项拨款。到当年 6 月，收到和被允诺的资金已经足够让 Teubner 公司宣布启动编辑工作；第一卷的内容在 11 月就被送到出版社，而评注和补充材料则将在以后提供。
>
> 第一次世界大战的爆发严重干扰了出版计划，以至于不得不中断；随着战争的临近，基于原先的捐献而出版的举措也不可能实现，因此需要寻求另外的出版途径。在此之前，一切事物都由主编 Engel 负责。但现在很显然的是，出版事宜要由一个挪威人来接手。因此 Poul Heegaard 作为编辑与 Engel 联系。Lie 的论文集的出版不再是出版社的事，而是成了支持它的社会群体的事。在这种情况下，这一系列的第三卷已经送到我们手中，而第一卷正在出版。Engel 说，"随着必要条件慢慢具备，以后各卷也会陆续问世；但我不能说得更多，因为出版的花费在持续增长"。

第一卷在 1922 年出版，第六卷在 1937 年出版。由于第二次世界大战和其他因素，包含了 Lie 的一些未公开发表的论文的第七卷迟至 1960 年才出版。这肯定是过去百年里的一个重要论文集。

多亏 Engel 和 Heegaard 饱含奉献精神和对 Lie 之尊敬的努力，Lie 的论文集编辑得非常漂亮。这可以从编辑对 Lie 的第六卷论文集的介绍中看出来：

> 纵观整个数学史，我相信很难发现第二个例子，在那里，从第一眼看上去并不特别有前景的极少的一般想法出发，最终发展出如此广泛而深远的一个理论。作为宏伟的思维建筑，Lie 的理论是一部艺术作品，必定会激起沉浸于其中的每一位数学家的崇拜和惊讶。对我来说，这部艺术作品在各个方面都可以与贝多芬相提并论······ 因此，如果 Lie 因为"大自然与存在性对数学家来说一直都是难以捉摸的"而怨愤 (p. 680)，是完全可以理解的。Lie 曾强烈感受到的可悲处境，至少在德国已经不存在了。为了在我力所能及的范围内尽可能地进一步改善这一处境······ 我试图澄清这些论文中的所有的个人问题（细节）和简短建议。

每一卷都包含大量的注释、评论和补充材料如 Lie 的通信，而且"这些补充材料是为了读者方便而精心准备的"。例如，正如前面提到的，Lie 的第一篇论文只有 8 页长，但其注释长达 100 多页。据 [4] 所说：

> 虽然 Engel 本人是一个重要且多产的数学家，但他确立了他在数学史家中的地位，这主要是因为他是 Sophus Lie —— 继 Abel 之后最伟大的挪威数学家 —— 最亲密的学生和不可或缺的助手。Lie 无法对从他的几何直觉中不断涌出的思想给出总体的连贯性和精确的解析形式 —— 而这正是使数学界能理解所必需的······ Lie 的特性使得其工作经过另一个熟悉它的人予以阐明成为必要，因此 Engel 对 Lie 的全部正文都做了"注释"。

致谢

我要感谢 Athanase Papadopoulos 仔细阅读了本文的初稿，并帮我提供了有关 Lie-Helmholtz 定理的文献，感谢 Hubert Goenner 给我提出了几个富有建设性和批判性的意见和文献。我还要感谢 Manfred Karbe 为我提供了文献 [20]，并总结了 [20] 中就 Lie 与 Engel 之所以关系疏远提供的一个可能解释。

参考文献

[1] M. A. Akivis, B. A. Rosenfeld, *Elie Cartan (1869-1951)*. Translated from the Russian manuscript by V. V. Goldberg. Translations of Mathematical Monographs, 123. American Mathematical Society, Providence, RI, 1993.

[2] N. Baas, Sophus Lie, *Math. Intelligencer* 16 (1994), no. 1, 16-19.

[3] G. Birkhoff, M.K. Bennett, Felix Klein and his "Erlanger Programm". *History and philosophy of modern mathematics* (Minneapolis, MN, 1985), 145-176, Minnesota Stud. Philos. Sci., XI, Univ. Minnesota Press, Minneapolis, MN, 1988.

[4] H. Boerner, Fredrich Engel, *Complete Dictionary of Scientific Biography*, Vol. 4. Detroit: Charles Scribner's Sons, 2008. p. 370-371.

[5] H. Busemann, Local metric geometry. *Trans. Amer. Math. Soc.* 56, (1944). 200-274.

[6] R. Carmichael, Book Review: Sophus Lie's Gesammelte Abhandlungen. *Bull. Amer. Math. Soc.* 29 (1923), no. 8, 367-369; 31 (1925), no. 9-10, 559-560; 34 (1928), no. 3, 369-370; 36 (1930), no. 5, 337.

[7] S. S. Chern, Sophus Lie and differential geometry. *The Sophus Lie Memorial Conference* (Oslo, 1992), 129-137, Scand. Univ. Press, Oslo, 1994.

[8] G. Darboux, Sophus Lie, *Bull. Amer. Math. Soc.* 5 (1899), 367-370.

[9] B. Fritzsche, Sophus Lie: a sketch of his life and work. *J. Lie Theory* 9 (1999), no. 1, 1-38.

[10] J. Gray, Felix Klein's Erlangen Program, Comparative considerations of recent geometrical researches, in *Landmark Writings in Western Mathematics 1640-1940*, Elsevier, 2005, 544-552.

[11] J. Gribbin, *The Scientists: A History of Science Told Through the Lives of Its Greatest Inventors*, Random House Trade Paperbacks, 2004.

[12] G. Halsted, Sophus Lie. *Amer. Math. Monthly* 6 (1899), no. 4, 97-101.

[13] T. Hawkins, The birth of Lie's theory of groups. *The Sophus Lie Memorial Conference* (Oslo, 1992), 23-50, Scand. Univ. Press, Oslo, 1994.

[14] T. Hawkins, *Emergence of the theory of Lie groups. An essay in the history of mathematics* 1869-1926. Sources and Studies in the History of Mathematics and Physical Sciences. Springer-Verlag, New York, 2000.

[15] T. Hawkins, The Erlanger Programm of Felix Klein: reflections on its place in the history of mathematics. *Historia Math.* 11 (1984), no. 4, 442-470.

[16] S. Helgason, Sophus Lie, the mathematician. *The Sophus Lie Memorial Conference* (Oslo, 1992), 3-21, Scand. Univ. Press, Oslo, 1994.

[17] L. Ji, A summary of topics related to group actions, preprint, 2013, to appear in *Handbook of group actions (Vol.1)*, Higher Education Press, 2015.

[18] L. Ji, Felix Klein: his life and mathematics, this volume. 有中译文 *Felix Klein：他的生平与数学*，赵振江、王丽萍译，收入"数学与人文"丛书第十三辑《数学与对称》，丘成桐、刘克峰、杨乐、季理真主编，高等教育出版社，2014 年。

[19] F. Klein, *Nicht-Euklidische Geometrie*, I. Vorlesung, Wintersemester 1889/90. Ausgearbeitet von F. Schilling, Göttingen, 1893.

[20] G. Kowalewski, *Bestand und Wandel. Meine Lebenserinnerungen zugleich ein Beitrag zur neueren Geschichte der Mathematik.* Verlag Oldenbourg, München 1950.

[21] S. Lie, *Sophus Lie's 1880 transformation group paper. In part a translation of "Theorie der Transformations-gruppen" by S. Lie* [Math. Ann. 16 (1880), 441528]. Translated by Michael Ackerman. Comments by Robert Hermann. Lie Groups: History, Frontiers and Applications, Vol. I. Math Sci Press, Brookline, Mass., 1975.

[22] R. Merton, *On the Shoulders of Giants: A Shandean Postscript*, University of Chicago Press, 1993.

[23] G. A. Miller, Some reminiscences in regard to Sophus Lie. *Amer. Math. Monthly* 6 (1899), no. 8-9, 191-193.

[24] C. Reid, *Hilbert*. Reprint of the 1970 original. Copernicus, New York, 1996. 有中译本《希尔伯特》，袁向东、李文林译，上海科技出版社，2006 年。

[25] D. Rowe, Three letters from Sophus Lie to Felix Klein on Parisian mathematics during the early 1880s. Translated from the German by the author. *Math. Intelligencer* 7 (1985), no. 3, 74-77.

[26] E. Strom, Sophus Lie. *The Sophus Lie Memorial Conference* (Oslo, 1992), Scand. Univ. Press, Oslo, 1994.

[27] A. Stubhaug, *The mathematician Sophus Lie*. It was the audacity of my thinking. Translated from the 2000 Norwegian original by Richard H. Daly. Springer-Verlag, Berlin, 2002.

[28] A. Vassilief, Prox Lobachevsky (premier concours), *Nouv. Ann. Math.*, 3e sér. 17 (1898), 137-139.

编者按：本文译自 Sophus Lie, a giant in mathematics, 选自 Sophus Lie and Felix Klein: The Erlangen Program and Its Impact in Mathematics and Physics, in IRMA Lectures in Mathematics and Theoretical Physics Vol. 23 (2015).

Joseph B. Keller (1923—2016)

Alice S. Whittemore, George Papanicolaou, Donald S. Cohen,

L. Mahadevan, Bernard J. Matkowsky

> Alice S. Whittemore 是斯坦福大学医学院流行病学及生物统计学教授。
> George C. Papanicolaou 是斯坦福 Robert Grimmett 数学教授。
> Don Cohen 是加州理工学院 Charles Lee Powell 应用数学（荣誉）教授。
> L. Mahadevan 是哈佛大学 de Valpine 应用数学、物理、有机体和进化生物学教授。
> Bernard J. Matkowsky 是美国西北大学 John Evans 工程科学和应用数学、数学及数学工程教授。

Alice S. Whittemore

Joseph Bishop Keller 是世界知名的应用数学家，其研究领域涵盖了广博的议题，包括波传播、半古典力学、地球物理流体动力学、作业研究、金融、生物力学、流行病学、生物统计学和体育运动的数学。他的工作结合了他对物理、数学和自然现象的热爱与不可阻挡的好奇心，试图解读实际存在且又不时戏弄人的谜团。

1923 年，Keller 出生于新泽西州的 Paterson。他的父亲为走避俄罗斯反犹太大屠杀而移民美国，在禁酒期间从事白酒批发，后来开了一间酒吧。他的母亲娘家由俄罗斯逃至英国后移民美国，她婚后在酒吧管账。Joe 的父亲在晚餐时用数学难题挑战两个儿子（Joe 和 Herbert），两个男孩日后都成了数学家。

Joe Keller（右）与 Herbert Keller, 1930

Joe 于 1943 年获得纽约大学学士学位，1943—1944 年在普林斯顿担任物理讲师，1944—1945 年在哥伦比亚大学战争研究部担任研究助理。他于 1948 年从纽约大学获得博士学位，之后任教于纽约大学，参与创设 Courant 数学科学研究所。1979 年，他至斯坦福大学任教，成为数学系和机械工程系的活跃成员。

1974 年，Joe 在 Courant 研究所任教，受 SIMS（SIAM Institute for Mathematics and Society）创始人 Donald Thomsen 请托，负责监督纽约大学医学中心的 SIMS "移植奖助计划"。SIMS 的使命是暂时"移植"从事研究的数学家，将其由理论学术环境"移植"到与应用问题相关的环境中，借此将数学专业应用于社会问题。Joe 答应 Thomsen，并立即与准备被移植的我安排了一次初步的会议。我的研究目标是探索涉及流行病学和生物统计学的生物医学问题，而不再是我一直在拼搏的群论问题。在这个为期两年的奖助计划中，Joe 每周主持黑板会议，提供深具特色的支持和启迪人心的指导。

NYU 毕业 (1943)

癌症形成的未知生物学机制，以及环境暴露（如香烟烟雾）的致癌作用，引起我们兴趣。几位研究人员提出了量化的致癌作用理论，试图解释暴露于致癌物质的人类和（实验室）啮齿动物的癌症发生时程。这些理论涉及正常细胞如何转为恶性、继而如何增殖形成可侦测的肿瘤。

一个主要的难题是：为什么许多癌症的发病率以年龄的五或六次方增长。例如，如果我的年龄是你的两倍，我的罹癌风险就是你的 32 或 64 倍。为了解开这个难题，研究人员宣称，在经历多次接续的突变后，正常细胞转为恶性，之后比正常细胞更快地增殖，直到形成可侦测的肿瘤。

暴露于致癌物质导致突变的发生

New Jersey (1975)

率增加，进而增加癌症发病率。这一理论解释了发病率何以随年龄增长而急剧上升。但发生率是致癌物量的线性或二次函数，与这理论相冲突。为了避开这冲突，Armitage 和 Doll 猜测突变的各阶段以不同的速率发生，只有一些阶段受到特定之致癌物质影响。虽然这个多阶段理论解释了一些癌症数据，但是它有一些生物学上的瑕疵。主要的瑕疵，在于没有任何直接的实验证据，可据以佐证癌症生成有两个以上的阶段。因此 Armitage 和 Doll 修改理论，宣称只需要两个阶段，但中间阶段的细胞可以比正常细胞更快地繁殖，加速供应已部分转化了的细胞，而这些细胞终将恶化。

这些及其他一些理论已在具不同数学严谨度的各种医学期刊中提出，其预测已与流行病学或实验数据中观察到的癌症发病率模式进行比较。Joe 很快看出，评论、融合许多不同的理论，深具效益。我们以一个随机方程的常用框架来描述细胞转化和肿瘤生长的速率，于 1978 年在 SIAM 联名发表评论文章 "Quantitative Theories of Carcinogenesis"。

关于遗传和非遗传因素如何导致人类癌症，修改后的两阶段理论及其后续延伸，形成了我们目前大部分理解的基础。它们解释了一些谜团，包括吸烟在肺癌中的作用、乳腺癌中乳腺密度的作用，以及遗传学在结肠直肠癌和视网膜母细胞瘤（眼睛的恶性肿瘤）中的作用。举例来说，他们解释了为什么肺癌的发病率与吸烟时间的四次方成比例，但只和吸烟率（每天抽几包）的平方成比例，也解释了为什么"曾吸烟者"的肺癌发病率不会下降到"终身不吸烟者"的发病率。

Joe 对所有自然现象的好奇心涵盖广泛的生物、生物力学和生物数学谜团。除了吸烟者的肺癌和老鼠的皮肤肿瘤之外，他的著作涵盖了哮喘发作的基础机制、小猫的视力、运动员的跑步、蠕虫的爬行、家庭的遗传学、人类的听觉和白血病儿童。这些工作，以及他在数学物理学和应用力学方面的重要贡献，使他获得了世界上最高的科学荣誉，包括国家科学奖章和伦敦皇家学会的外籍院士。

当被问及他如何选择问题时，Joe 回答说，他需要了解问题背后的现象，也需要看出问题有一个数学的面向；此外，他需要预见解决方案可能具有的启发性和重要性。而且，如同

与夫人在法国长距离徒步健行 (1995)

Goldilock 的椅子，它既不太难，在数学上也不是微不足道。Joe 喜欢和学生和同事一起工作，他们寻求他的帮助以解决工作中遇到的问题，而这些合作带来了丰硕的成果。

在纽约大学移植奖助计划开始之后不久,有一天 Joe 和我在黑板会议结束时都饿了,就去附近的一家中国餐馆用餐。晚餐时我继续接受数学教育,但现在的课题是 inverse problem。Joe 解释说,在典型的数学问题,你会得到一个你必须提供答案的问题。然而,在一个 inverse problem,答案给了你,而你的工作是提供相应的问题。例如,你被要求提供一个问题,其答案为"1 和 −1",那么你的问题可能是"方程式 $x^2 - 1 = 0$ 的根是什么?"。为了进一步澄清概念,他又给了我几个要找相应问题的答案。他接着要我提出一个问题,其答案是"Dr. Livingston, I presume",我提出了一个问题,理由是 Stanley 曾在尼罗河附近找寻 Livingston。他立即告诉我,虽然这个问题是可以接受的,但最优的问题是"你的全名是什么,Dr. Presume?"

那晚,我俩都不知道,我俩即将展开一起工作、同喜共乐的生活,直到 42 年后他辞世。

George Papanicolaou

我第一次见到了 Joe Keller,是在 1965 年 9 月,当时我刚进 Courant 研究所,是个对应用数学感兴趣的研究生。Joe 开了一学期关于理论物理方法的课,我选修了那门课及其他为第一年研究生开的数学课。Joe 的教学不比寻常;即使在这个基础课程,数学也被表达地威风八面,而不是像一栋为了自身需求而等待维修、补强的建筑物。他有外向的数学观,对于数学有着深富感染力的信心,相信更深入地了解问题的陈述和方法之后,可以有所作为。他考虑的问题通常来自于数学以外的领域。他的观点介于数学、物理和工程学之间,因为他关心方法及其分析、适用范围,也关心新出现的结果、诠释,及其可能产生的冲击。

在 20 世纪 60 年代后半,Joe 的研究已扩展到许多不同的领域,有些与衍射(diffraction)理论大异其趣。衍射理论是他在 50 年代和 60 年代初期的主要研究成果,最终发展为几何衍射理论(geometric theory of diffraction)。这个理论精彩地融合了高频渐近分析、可用的极少数衍射问题精确解,以及总波场中波分量的一致性几何诠释。他的几何衍射理论源自优雅的概念简单性。借由散射环境的拐角、边缘和其他特征的位置和几何形状,原则上可以写出场中任意地方的高频形式,但是除了相当简单的情况,这需要数值计算。即使在今天,高频阶段的散射现象仍很难用直接的数值计算进行分析,因为在三维环境中,探讨的区域可延伸至数千乃至数百万个波长。

借由参加每周五下午 Courant 的应用数学研讨会,我学到了衍射理论和均匀渐近(uniform asymptotic)方法。这是一个更具一般性的理论,譬如,在衍射中可以几近精确地描述阴影边界附近的场。它比 Joe 原先的几何衍射理论更复杂、更少几何，但是也更接近于一个完整的数学理论，是傅氏积分算子和微局部（microlocal）分析在 20 世纪 70 年代开始发展的理论。Joe 对此深感兴趣。他关于均匀渐近方法的一些结果至今仍无出其右，但他当时已转进非线性波、随机介质及许多其他领域；他对新视野更感兴趣，可以用改革后的方式套用渐近方法。

Joe Keller 和研讨会都极具特色。他是一个非常好的听众，很快就得知演讲的要点，领先房间里的其他人，经常包括演讲者在内。在与波、渐近相关的任何事情上，他在研讨会上的评论和提问，对我来说至关紧要，对其他人而言毫无疑问也是如此，因为我因之看到方法和理论的断层线所在。阅读论文或在研讨会上聆听精致的演讲，很难有此收获，除非 Joe

斯坦福 (2003)

Keller 也在房间里。Joe 在 70 年代离开 Courant 去斯坦福大学，我们之后在 Courant 努力延续周五的研讨会，承接 Joe 所开启的传统，我认为我们在几个领域做得很好。20 世纪 90 年代初，我到斯坦福大学任教，意识到的第一件事，就是 Joe 的声誉已然确立，被誉为研讨会的特别与会者。不仅在他移植到斯坦福大学的周五数学研讨会上如此，也扩及材料科学、应用物理学，特别是流体力学研讨会。他每年夏天在 Woods Hole 积极参与地球物理的流体动力学学程，被一代又一代的研究生缅怀，因为他睿智的评论总能突显出事情的重点。在斯坦福大学的流体研讨会上，Joe 的意见和问题总被殷切期待，特别是当演讲者含糊其辞或讲得太快时。当然，让研讨会常客感到高兴的是，Joe 对自命不凡的讲者不会有任何耐心，并不总是用外交辞令评论。

我和 Joe 一起研究随机介质（random media）上的波，这是一个受他想法影响极深的领域。不均匀介质（inhomogeneous media）中的波传播在 20 世纪早期即已受到关注，甚至更早之前 Maxwell 等人已曾着眼于此，但在二战后，由于声呐、雷达以及地震勘探，才真正受到重视。在天文学和天文物理学的驱动下，描述光线通过大气层路径的工作已发展得相当好，是靠辐射运输理论（radiative transport theory）完成的，属现象学范畴，而与 Maxwell 理论无关。Joe 明确地阐述了波在随机介质时的数学面向，譬如：根据几种长度尺度和其他参数，识别不同类型现象所属的阶段，有点类似无量纲化的流体动学。在整个 60 年代和 70 年代初期，他经常讲述这个课题，而他的研讨会极受欢迎。

他涉猎其他许多研究领域：非线性波动、各种流体力学问题（包括润滑理论）、满足或不满足变分原理的材料有效性质、材料均匀化理论（homogenization theory）、数值计算的有效边界条件、数学生物，甚至金融数学中的美股选择权。他的贡献对应用数学产生巨大而持久的影响。

Donald S. Cohen

1959—1962 年，我是纽约大学的研究生，1963—1965 年在纽约大学与哥伦比亚大学兼职当博士后。纽约大学数学所当时不被称为 Courant 研究所，而被安置在纽约市华盛顿广场附近的两栋旧建筑内。

Richard Courant 成功地将纳粹德国的几名难民带到纽约，试图延续伟大的哥廷根传统。当我在 Courant 研究所时，K. O. Friedrichs, Fritz John, Wilhelm Magnus 和 J. J. Stoker 等资深教授仍在授课。比我稍年长的年轻人，诸如 Cathleen Morawetz, Jürgen Moser, Peter Lax, Louis Nirenberg, Paul Garabedian, Harold Grad 和 Joe Keller，则正在推高声望，之后获颁许多声誉卓著的奖项。我选了其中几个人的课，也听了很多其他人的演讲。

20 世纪的物理学引导出重要而困难的微分、积分方程组，而哥廷根大学的很多数学都致力于了解它们的解，为此而探讨许多分析的理论和技术。同样的哲学主宰纽约大学。泛函分析、代数、拓扑、几何和近似方法也因此而被纳入考虑。那是一个梦幻般的地方。

Joe Keller 已跻身年轻的明星。他坚持要大家称他 Joe。声望和尊敬源自他对数学的掌握和他运作团队的方式。他调皮逗趣，容许被斥责，也会回嘴，但他显然大局在握。他的辖区位于 Waverly 广场 25 号一个小而老的建筑物七楼。他位于短走廊中间的门总是敞开，周围的研究生和博士后也都如此。当时计算机和网络尚未

Joe 相当幽默风趣

存在，大家都会现身，而令人兴奋的数学无处不在。Joe 平易近人，经常在各个办公室督导各领域的研究。

当时 Joe 生活的重要部分是每周的篮球研讨会，其中涉及能力很差以及能力非常强的人。如同他所有努力从事的工作，他非常有竞争力。他只有中等球技，但是攻势特别凌厉，而且不介意酷待身体，只要求篮球干净、合法。这研讨会的真正目的是让大家有一个愉快的时光，之后再一起去纽约市唐人街的 Wal Kee 中餐厅。Joe 总是收集支票，告诉我们每个人要支付多少钱，

然后支付总额，并表示他的服务费是要用来补强他的薪水。我毫不怀疑，他当年为我们那些研究生付了很多膳食费。

Joe 半秃，曾经长期留着浓密的胡须。一天早晨，他胡须刮干净现身，说有个完全陌生的人告诉他"脑袋上下颠倒了"，因此他刮了胡须。（众所周知，Courant 有一个告诫：讲一个故事，重要的是讲法恰当，却不需符合事实。）

我从来没有选过他的课，也只读过他几篇著作的一些部分。然而，在形塑我早期展望和发展上，Joe 比其他任何人着力更多。他经常在傍晚时分到我的办公室待上好几个小时，想找些问题做。他目击的每样东西，几乎都提示他一个数学问题。关键是如何陈述容易处理的问题，从中撷取答案，借以对现象进行合理的解释。我大学主修物理，在 Brown 和 Cornell 学习了大量的古典物理学，之后在纽约大学找到了我知性的家。当时，无量纲分组（dimensionless grouping）、基本而一般的电磁学替代方程式，及其他源于流体或固体力学的替代方程式，刚由一位物理学家完成，而量身打造的"law"（最优化的说法是 conservation law）已被接受为答案。我尽己所能接受这些（就研究生来说不很寻常），而显然 Joe 无法接受，他想知道这些是如何经由理性的过程得自严格推导出的理论。Joe 的目标是要经由操作理性地得知"近似"的本质，并且能以清楚的"近似"含义给出解释。更有甚者，在没有既存理论时，他试图回答更深层次的问题。在那些日子里，他的大部分工作是在提供一个漂亮的高频衍射理论，可涵盖可穿透和不可穿透的物体，且可通过均匀和不均匀的介质。他在黑板上工作，直到看不到什么更有希望的东西。亲眼看见一个禀赋非凡的学者的这一切作为，是极其美好的教育。

Joe 想知道每个人正在做的一切。除了我选的研究生课程，他建议我参加 Friedrichs 关于 Hilbert 空间的算子频谱理论的一系列讲座。他和我都出席了；听众囊括了几乎所有的教授和几位研究生、博士后。我们还参加了 Nirenberg 的讲座，讲述一般边界条件下的椭圆偏微分方程解及其导函数之 L^p 估计。我们也去听 Moser（正在访问）的演讲，其内容日后成为 KAM 理论的一部分，而动力系统中拟周期轨道的小除数，日后也将形成困难。Joe 学习、知道的纯数学，多于一般人对他的认识（他在我去那里的前一年教过关于拓扑的研究生课程）；他能够迅速地吸收相关的想法，知道它们对于他所悬念的许多问题有什么用处。

一个星期一上午，他问我们办公室里的几个人周末做了什么，接着他被问到他做了什么。他简单地回答说"喔，我结婚了"，这是他与 Evelyn Fox 成婚的逗趣公告；她是博士后，从未参与我们任何物理导向的研究，我们也没人知道 Joe 在追求她。

之后，Joe 因为明显的原因待在办公室里的时间变少了。有了一座新建筑，数学系也被重新命名。研究生们把这个新建筑称为 Courant Hilton，将它的优雅与两栋旧建筑的破旧相对照。资深教授占用位居角落的大型办公室，他们的门生则分散在整个建筑物内。我认为 Waverly 广场 25 号激动人心的气氛消失了，Joe 经常告诉我，对他来说前后差异极为显著。

多年来我在加州理工学院多次遇到 Joe（我在这里已经待了五十多年，Joe 的弟弟 Herb 也是这里的教授）。我在 Los Alamos 也遇过 Joe（我在那里当顾问）。我们总是深入地谈论数学和物理，他的好奇心和力道从未减弱。举目所及似乎都建议了他研究的课题；而当他呈现结果时，非凡深度和原创性一如既往。

我对他持久的记忆都是年轻时的 Joe Keller，精神上和身体上都非常活跃，经常爱玩耍，爱讲述涉及（他所谓的）inverse problem 的可怕笑话，对于学习新事物和解决极其困难的问题深感兴趣，真正愿意为学生讲演研究成果，从而谆谆教育后代有兴趣的人。一部分曾有幸与他互动的人形成了所谓的 Keller school。

L. Mahadevan

20 世纪中叶的应用数学传承自 19 世纪自然哲学，范围涵盖力学、热力学、光学、流体力学和电磁学。二战后，特别是在太空时代诞生之际，研究主题蓬勃开展，包括：创建数学工具来近似地解决分析上棘手的问题，及将数学想法应用于工程、物理、生物学等。

虽然很难想象任何人能在这两个领域都表现出色，但 Joseph Keller 是这样的。在渐近分析、扰动方法和混合数值–分析法（hybrid numerical-analytical method）等领域，他的基础性数学贡献已获公认，而他又将这些部署在非常宽广的领域，包括波传播、量子、统计、连续力学、具确定性或随机性的传输现象。

1948 年自纽约大学获得博士学位后，Keller 在 Courant 研究所 20 世纪中期的知性激荡下成就斐然。此研究所由他的导师 Richard Courant 创建。他的研究始自波传播的初步探讨，在三十年间扩展而涵盖了自然哲学、量子、统计力学以及工程应用。他在斯坦福大学度过了人生最后三十五年，将他的兴趣进一步扩大到工程和生物学，偶尔涉足医药、体育和金融。他在这些领域的著名研究为他带来了许多荣誉，深入介绍这些成就的文章到处可见。

除了他所阐明的具体问题和他所创造的技巧外，有一些科学和数学主题在他的工作中反复出现：对问题的精湛品味，运用模拟、以某一领域的想法观照另一领域的问题，借由深刻的物理直觉、数学上的精简来创造、使用技巧解决问题。下述的几个小插曲，或可打开一扇窗，让我们一窥他的想法。

他的风格有一个持久的特点：能够在任何主题中陈述一个容易处理的数学问题，而这经常是发生在其他人还没有意识到有问题可问时。这促成了涉足甚广的论文，例如：公平的硬币投掷（硬币沿直径自转，有时被称为 Keller 翻转，角速度和垂直速度很大时渐近地趋于准确，*Amer. Math. Monthly*, 1986），混合一副扑克牌所需的洗牌次数（七次，用 Persi Diaconis 早期工作的简单论证推导出来），摩擦力存在时冲击刚体的机制（这可能导致非常反直觉的动作，如反向反弹，*J. App. Mech.*, 1986），以及对阿基米德的浮力原理的修正 [3]（考虑了表面张力的效用，*Phys. Fluids.*, 1998）。这些分析有个指导原则：在两个科学领域的肥沃边界存在着丰盛的水果，有时不起眼地位于两个介质之间。Keller 有着敏锐的双眼，知道如何发现和挑选这些水果！

人性固有的优化需求给了他一个问题泉源，他屡屡浸淫其中。他在电磁反向散射（inverse scattering）的工作激励了他，促使他研究了许多工程、力学和生理学方面的优化设计、控制和策略的问题。例如，他解决了首先由 Lagrange 提出的问题：给定体积和长度，最强柱子的形状 [1]。他将之陈述为特定 Sturm-Liouville 算子的特征值问题，而后使用等周界不等式，推论三角形截面为最优。之后，其他人对此结果进行改进和推广，对结构优化（structural optimization）持续产生影响。Keller 还计算出赛跑的最佳策略（短距离时，厌氧策略是最好的，但一旦距离大于 300 米，必须尽快加速到最大速度，然后切换到有氧策略，维持等速，耗尽能量，最后滑过终点线，*Phys. Today*, 1973）。他也拟出最大化寿命的计划（一些但不是太多的热量限制和运动是好的，而 Keller 也实践自己写的内容）。他还制定了排名棒球队的策略（Google 的页面排序算法的先驱；在 20 世纪 70 年代纽约大学的圣诞讲座中，他使用 Perron-Frobenius 定理，证明了存在着符合球队相对优势的排名向量），以及工厂的最佳检查策略（陈述为变分问题以求解）。在每一种情况，他都能够得知问题的数学本质，揭露其具体来源及其更广泛的支流。

除了善于利用无人地带，Keller 结合物理直觉和数学专长，将比喻用为领域间的桥梁。他在半古典力学领域被引用最多次的作品，跨越了量子力学和古典力学 [2]，解决了连接不同量子力学框架的难题，是他、Sol Rubinow（如图所示）及之后其他人的精心杰作。他使用约化（reduced）波动方程的高频极限与薛定谔方程之间的模拟，展示如何用其他领域的知识来解决某一领域的问题。在另一领域，

与 Sol Rubinow（左）在麻州 Woods Hole
（20 世纪 60 年代中叶）

他看出静电方程、慢流体流（slow fluid flow）和弹性体固有的线性和相似性，了解一个小参数的出现（由于几何形状，如狭缝；或由于性质上的大对比，如在介电（dielectric）混合物、悬浮液等）如何使调和函数的理论可用以分析"决定有效性质"的问题。这使得他可以推导出复合材料有效电导率（effective conductivity）的定理 [3]。在之后的几十年中，这一想法的变种，在均匀化电磁学理论（处理在材料统计上的平均性质，影响工程学）的脉络下，已成为应用数学领域大量工作的来源。

简洁的美德似乎是另一个（也许是不言而喻的）主题。事实上，他的一些著作只不过一两页，几乎没有参考文献，但还是带来冲击。例如，他探讨被拉伸到其静止长度许多倍的弦，证明其大振幅运动可由线性波动方程描述，并随后将此结果推广至有限变形的连续统（continua）（*Amer. J. Phys.,* 1959）。有趣的是，这宏观地见之于被称为 Slinky® 的螺旋弹簧玩具，微观地体现于高度拉伸的聚合物。在另一篇半页的短文中，他讨论如何用一个可解的微分方程，在湍流之边界层流中，调和一个幂律（power law）过渡至另一个幂律的过程（*Phys. Fluids,* 2002）。在 *Theoretical Population Biology*（2004）四段组成的著作中，他探讨死亡率与年龄之间的关联，展示了一个简单的模型如何解释初始增长及继之而来的老年饱和！

讨论一个新的问题或解决方案，同时又轻松展现自己的名声，是 Keller 最幸福的时刻。尽管他获得了许多有声望的奖项，但两个搞笑诺贝尔奖给了他特殊的喜悦，因为"让你笑的研究，然后让你想"。很可能，因他之故，搞笑诺贝尔奖的声望提升了！第一次获奖是因解释茶壶效应（与 J. M. Vanden-Broek 共享），第二次获奖是因解释马尾的动态（与 R. Ball, R. Goldstein 和 P. Warren 分享，他们计算其形状）。他到会场，打扮得像巫师，戴着马尾辫解释他的想法，享受喧闹的会场、纸飞机及其他种种（作者可作证）。他究竟做了什么，为什么有人关心这些？

曾从水壶倒茶的人都知道，要提防壶口的水滴搞砸下午茶时间。大多数旁观者解释这种效应时，对表面张力都含糊其辞。Keller 由流变学家 Marcus Reiner 的实验（他在水中倒下了彩色的茶，此时界面力量不重要，但效果仍然持续）得到灵感，在 20 世纪 50 年代写了一篇关于惯性效应（和 Bernoulli 原理）的短文（Teapot effect, *J. Appl Phys.*）解释这一现象，后来形成了更为完整的理论。六十多年后，郊游时前方跑者的马尾辫可能给了他灵感，让他质问：为什么头顶上下振动时马尾辫会左右摇摆？关键是柔性线的边界会周期性且铅直地迫使它不稳定。Keller 证明（"Ponytail motion", *SIAM J. Appl. Math*），在相当一般的假设下，可以推导出描述这种现象的 Hill 方程。这方程普遍地见之于参数驱动振荡器（parametrically driven oscillator）的理论、天体力学，而让 Paul 和 Dehmelt 获颁诺贝尔奖的离子陷阱（ion-trap），其理论也奠基于此。这个洞察使得 Keller 能推断不稳定的条件，并证明：以几赫兹的频率摆动的马尾辫，最不稳定的长度约为 25 厘米。如果你的头发够长，自己测试一下！

他对科学广泛的兴趣，以及温暖、友好的风范，使他平易近人且能启迪人心。他特别善于鼓舞年轻的数学家和科学家，正式和非正式地指导了很多年轻学子。在 Woods Hole 海洋学院，他参与地球物理流体力学计划的暑期工作五十多年，每天下午他现身门廊，学生和同事们纷纷前去找他咨询。他的科学遗产——对大自然无可熄灭的好奇心，以及一份谦卑，体现于信念，相信每个问题都值得我们思考并从中学习——将会长存。

Bernard J. Matkowsky

我 20 世纪 50 年代上大学时，很少有应用数学学程，而且大部分不为人知。虽然我喜欢工程和科学方面的问题，但我不满意分析这些问题的方法。我更喜欢数学家的做法，尽管我还是想涉足科学与工程的问题。1960 年，我是电机工程研究生，有几位教授建议我，在纽约大学 Courant 研究所可能找得到我所寻找的，一位教授进一步建议我只和 Joe Keller 一起做研究。幸运的是，我遵循这个建议，并直到今天都很感念自己当年那样做。Joe 深远地影响并启发了我以及纽约大学、斯坦福大学好几世代的学生，形成了所谓的 Keller School of Applied Mathematics。

学生时代，我竭尽所能地涉猎 Keller 的著作。当然，我读了关于几何衍射理论的著作。我读了关于特征值之渐近解的著作，这与我的论文有关。我也读了关于边界层问题的著作，以及关于非线性边界值问题的扰动、分岔理论和其他主题的工作。我从中学习。有一篇不太知名的著作，虽然与我的论文无关，却给我留下了非常强烈的印象。

在科学与工程方面，一些基于不同数学模型的不同理论，经常被提出来解释特定的现象，然而却说不清在什么条件下哪种模式是合适的。一些模型是为特殊问题而量身打造，一些模型是基于简化的假设，而另一些模型是"近似"于更具一般性的模型；它们不是有系统地被导出来，我们也不清楚不同的模型如何相互关联。所谓的近似模型一个接着一个出现，较简单模型的一些术语被保留下来，而具有相当规模的其他模型则被抛弃。不用说，这种研究方式不是很令人满意，特别是对一个年轻的学生来说。

在"A Theory of Thin Jets"（薄喷射理论）中，Keller（和他的博士生 Mortimer Weitz）考虑了喷射流 (jet flow) 的问题，想决定喷射流形状和速度分布。喷气流理论奠基于流体动力学（hydrodynamics）方程，但该理论只成功地解决了少数的问题。更为一般的问题是用较简单的水力理论（hydraulic theory）处理，要先假设每个横截面上的压力和速度都为恒定；但这假设与流体力学方程不相符，因此，水力理论是奠基于不同的、近似的方程。Joe 写道："立即出现的两个问题是，两种理论之间的关系是什么？如何改进水力理论的成果？在本文中，我们回答这些问题，提出一种解决流体动力学问题的方法，其解是喷射厚度（除以一些典型尺寸）ε 的级数，即 ε 的渐近展开。这级数的第一项是由水力理论得到的解，因此回答了第一个问题。该级数的高阶项对水力理论进行了修正，因而回答了第二个问题。"

Joe 的论文对我是个启示：不仅给出问题一个很好的解答，而且更重要的是，对一个长期困扰我的一般性问题提出一个有系统的、理性的研究方法。自此以后，我采用这种方法分析了各个领域的各种问题。

就解决科学和工程问题的数学技巧而言，Joseph B. Keller 是近代最重要的创作者。他对数学方法和各应用领域的杰出研究贡献，使他获得了这个声誉。他经由自己的工作，以及与他的学生和其他科学家合作的成果，对数学问题的陈述和解决方式产生了深远的影响。在数学方法的发展过程，Joe 结合了无与伦比的创造力及非常深刻的物理洞察力。他有神秘的能力，能用简单而写实的模型描述真实世界的问题，通过复杂的技术（许多是他自己创造的）解决这些数学问题，然后以简单的术语解释成果及推论。他是渐近分析的大师，并且是个艺术巨匠，神乎其技地将一个领域有用的想法应用于其他领域。他的作品

纽约 South Street Seaport (1990)

具有独创性、深度、广度且优雅细致，他所获得的成果具有持久的重要性。我们简要介绍一些亮点。

Joe 最杰出的贡献之一是几何衍射理论（GTD），为解决波传播的问题而提出。在二战期间，他在哥伦比亚大学战争研究部从事声呐的研究时，开始考虑这问题。GTD 是几何光学理论（Geometric Theory of Optics，GTO）的重要延伸，该理论以射线描述波传播。Joe 的延伸工作包括衍射的现象，以及 GTO 预测不到的信号。Joe 开发了有系统的方式来处理高频波传播，从而导出并解出能决定射线、决定信号传播的路径、控制信号如何沿着射线传播的方程。他预测：射线行经障碍物或介质不均匀处时会发生什么。在 Joe

的工作之前，只有少数孤立的问题得到解决、了解，但没有一个一般性的理论，可用以解决更复杂且在科技上具重要性的问题。现在有专书讨论 Joe 的理论。工程师和科学家沿用他有系统的理论迄今。事实上，对于在复杂环境中从事雷达、天线设计和一般高频系统的人来说，他的理论不可或缺。他的理论已经并且仍然适用于各种藉波传输信号的问题；这些问题发生在声学（如声呐）、弹性动力学（如定量非破坏性测试）及石油的地震勘探中。所有这些领域的文章通常写到 "我们采用 Keller 的方法……"

Joe 还证明，他的波浪传播方法可以扩展到其他类型的问题，如半古典力学。在这个基本且深入的工作中，Joe 推广 Planck、Bohr、Sommerfeld、Wilson、爱因斯坦和 Brioullin 的工作，导出不可分离系统的正确量子化规则，从而使结果在任何坐标系中都有效。他的研究结果被称为 Einstein-Brioullin-Keller（EBK）量子化规则，目前广被化学物理学家和其他科学家采用。在这半古典量子化工作中，他介绍一个重要测度，对应于封闭曲线通过焦散曲面（caustic surface）的次数。该测度之后被 Maslov 推广到 Lagragian 流形，被称为 Keller-Maslov 指数。后来 Joe 扩展该指数到有界域中的特征值问题，未必与量子力学相关，但受制于一般的偏微分方程组。

Joe 的工作激发了美国和海外的大量文献，不仅科学和工程的许多领域经常援用他的方法和结果，在数学界，纯数学者也研究他的结果。举例来说，他的工作一直是傅氏积分算子和 Lagrange 流形理论许多发展的原动力。

此外，Joe 常因考虑问题而开辟探索方向，随后被研究界热烈采纳。他关于非线性波动方程奇异点演化的开创性工作就是一个例子，他在分岔理论和非线性特征值问题上的工作也是如此，在他的研讨会讲义出现之前很少被注意，如今则是纯数学家和应用数学家探索的最热门课题。

Joe 也考虑了通过异质、湍流或随机介质的波传播问题，涉及信号经由诸如大气和海洋等介质传播，由于介质的性质而发生波动。他草创了两种被广泛使用的方法。第一个是平滑法，涉及小幅度变化的问题。第二种是多尺度方法，处理系数快速变化的问题。第二种方法能够处理含尺寸不小的小尺度波动。这个理论现在被称为均匀化理论（theory of homogenization），自从被其他人采纳，已经有很多书对其着笔。在每种情况下，Joe 展示如何将波动系数有系统地替换成有效系数（有效系数是波动系数的适当平均值）。然后，他扩展了工作，展示如何有系统地为各种问题导出有效的方程；这些问题未必与波传播相关，包括复合介质的问题，以及要决定小尺度微观异质性介质的大尺度宏观行为。他秉持他的作品特色，以简单的陈述克服了限制早期理论的不均匀性（nonuniformities）。

Joe 对国家服务并不陌生，研究过许多与国家安全有关的问题，曾在各种咨询委员会、国家小组和委员会任职。在哥伦比亚大学战争研究部从事声呐研究之后，他为了预测 Bikini 原子弹测试的震波和水波，曾经研究过水下爆炸的问题。当时有人担心可能会发生破坏日本和其他太平洋国家的海啸，他的分析显示没有这样的危险。他还在 Argonne 和 Los Alamos 国家实验室研究氢弹爆炸。在 20 世纪 50 年代初，他与 von Neumann 都在空军特种武器计划（AFSWP）的水下原子弹委员会，评估 A-炸弹爆炸对船只和潜艇的影响。他为 AFSWP 启动了另一个有关 A-炸弹爆炸的计划。20 世纪 60 年代后期，他是 JASON 的成员，也是国防部和其他政府机构的科技事务高级顾问。他担任 AFSWP 其他计划的顾问，也是美国海军航空发展中心、美国陆军化学兵团，以及 Argonne、Brookhaven 和 Los Alamos 国家实验室的顾问。

1996 年获 Nemmes Prize
右为 B. J. Motkowsky

Joe 是一位老师，也是位卓越的解说者。他两次获颁 MAA 的 Lester Ford 奖，表彰他杰出的阐述性著作。他获得美国三大数学学会、各种工程学会以及来自美国和国外的国家科学协会的奖项。大约 60 名博士生和无数受过他训练的博士后，现在已成为成功的应用数学家，进一步佐证 Joe 的影响力。

最后，Joe Keller 这个人。多年来，无数的数学家、工程师和科学家受惠于他的敏锐和善体人意。他耐心倾听，贡献有用的见解，并提出建议和鼓励。对我们而言，他就是"Joe"，是老师、同事和朋友。世界失去了一个巨人。他会被缅怀；他的精神遗产永存。

参考文献

[1] The shape of the strongest column, *Arch. Rat. Mech. Anal.* 5 (1), 275−285, 1960.

[2] Corrected Bohr-Sommerfeld quantum conditions for nonseparable systems, *Ann. Physics* 4 (2), 180−188, 1958.

[3] A theorem on the conductivity of a composite medium, *J. Math. Phys.* 5 (4), 548−549, 1964.

编者按：本文汇集五篇追思文，原载 Notices of the AMS, Vol. 64 (2017), June/July, 606-615,《数学传播》取得作者及 AMS 同意翻译及刊载,《数学与人文》获授权转载，谨此致谢。

量子逆散射法的教育性历史

L. Faddeev

译者：王知远

> g Dmitrievich Faddeev（1934—2017），俄罗斯著名数学家和理
> 学家。1959 年获得列宁格勒大学物理学博士学位。其主要成就
> 子三体问题中的 Faddeev 方程，以及非阿贝尔规范场论量子化
> 积分方法，其中包括 Faddeev-Popov ghost 的引进。Faddeev 领
> 格勒学派发展了量子逆散射法和量子可积系统理论，并启发了
> 和 Jimbo 等人关于量子群的工作。Faddeev 曾获苏联国家奖、
> 理曼奖、狄拉克奖章、俄罗斯国家奖、马克斯·普朗克奖章、
> 亨利·庞加莱奖、邵逸夫奖等。

法诞生于对 KdV 方程 [1]（我们正在庆祝它的 100 周年）的 Gardner, Green, Kruskal 和 Miura（GGKM）在一篇简短报中描述了这一方法 [2]。十年之后，它的量子版本出现在以 得堡）为主的一些地方。接下来我将介绍这些后续发展的 训。

一维数学物理（术语来自 E. Lieb 和 D. Mattis [3]）中看似 的融合，并将其作为理论物理与数学物理之间思想、方 型例子。

描述经典逆散射法的发展，这构成了与其量子推广 的那一部分的基础。然后，我将处理它的准经典量子化 地，由此可以得到孤立子的合理的粒子性解释。最终， （exact quantization）（1978—1983）。我们会强调它 出乎意料的联系，即：

ethe 拟设（Bethe Ansatz），这一方法由 Bethe [4], Gaudin [6], De-Cloizeaux 和 Pearson [7], C. N. Yang 和 C. P. Yang [8] 发展起来，并由 Lieb 和 Liniger [9] 发展了 Bose 气体情形。

2）二维晶格统计力学中的转移矩阵方法，由 Onsager, Lieb 和 Baxter

[10-12] 提出：

3）一维粒子量子多体系统的分解散射，由 McGuire [13]，Berezin 等 [14]，C. N. Yang [15]，Brezin 和 Zinn-Justin [16] 提出。

故事要从文献 [2] 讲起。该文证明了：设一维 Schrödinger 方程

$$\psi'' + k^2\psi = v(x)\psi, \quad -\infty < x < \infty,$$

其势函数 $v(x)$ 在无穷远处消失，使得反射系数 $r(k)$ 由 $\psi(x,k)$ 的渐近行为

$$\psi(x,k) = \begin{cases} e^{ikx} + r(k)e^{-ikx}, & x \to +\infty, \\ t(k)e^{ikx}, & x \to -\infty, \end{cases}$$

所定义，如果势函数的发展满足 KdV 方程

$$v_t = 6vv_x + v_{xxx},$$

则 $r(k)$ 的演化形如 $r(k) \to e^{ik^3 t}$。如果上面的表达式中没有非线性项，那么 $r(k)$ 的演化与 $v(x)$ 的 Fourier 变换的演化类似。然而，通过一个（线性！）Schrödinger 方程的解来隐性地定义的非线性变换

$$v(x) \to r(k)$$

对完全非线性的方程起着同样的作用。而且，其逆变换

$$r(k) \to v(x)$$

是拥有丰富历史的逆散射问题的内容。受 Heisenberg 的一般想法的启发，20 世纪 40 年代末至 20 世纪 50 年代初有许多人都在讨论这个问题，直到它被 Gelfand 和 Levitan [17]，Krein [18] 以及 Marchenko [19] 解决。

1969 年，P. Lax [20] 用一个优美的形式来解释了 GGKM 相当直接的公式。令 L 为 Schrödinger 算子

$$L = -\frac{\mathrm{d}^2}{\mathrm{d}x^2} + v(x),$$

那么 KdV 方程可以写成

$$\frac{\mathrm{d}L}{\mathrm{d}t} = [L, M],$$

其中 M 是三阶微分算子，其系数由 v 及其关于 x 的导数决定。这个 Lax 方程表明，KdV 的发展是 L 的一个相似变换

$$L \to U(t)LU^{-1}(t),$$

于是描述了 L 的一个保谱形变。

直到那时，GGKM 的技巧看起来就像是某个特定的朴实的方法应用在一个可解非线性发展方程上的孤立的例子。但在 1970 年，这些看法都被第三篇文章（Zakharov 和 Shabat [21]）改变了，该文发现另一个非线性方程

$$i\Psi_t = \Psi_{xx} + g|\Psi|^2\Psi$$

也可运用逆散射变换，这个方程叫作非线性 Schrödinger 方程（NSE），其中 L 的作用由 2×2 的一阶系统

$$L = \frac{1}{i}\begin{pmatrix} 1 & 0 \\ 0 & -1 \end{pmatrix}\frac{\mathrm{d}}{\mathrm{d}x} + \begin{pmatrix} 0 & g\Psi^* \\ \Psi & 0 \end{pmatrix}$$

给出。这打破了 KdV 例子的孤立性，并引发该方法在 20 世纪 70 年代的显著发展，它逐渐吸引众多发展者与追随者，并且由此诞生了一个构造确切可解模型的复杂产业。

这种方法的先驱是那些主要处理经典多体系统问题（包括等离子体物理、流体力学等）的应用数学物理学家团体，强调这一点是有教育意义的。他们不熟悉量子物理及相关的数学方法。逆散射法的作者们在文献 [2] 发表后的几年中，都没有将量子散射理论的形式化方法用于对 KdV 方程的更深入探索，这个事实说明了这一点。

我在 1971 年初跟随 V. Zakharov 学习了 IST 方法。这立即使我兴奋起来，其部分原因是，一个适用于 KdV 方程的逆散射问题的变体中严谨的数学研究是我的学位论文 [22] 的一部分，所以我知道许多这个方面的公式。

在 Zakharov 的讨论中，我们有了将 KdV 看成是一个完全可积的（有无限多个自由度的）哈密顿系统的想法。的确，正如我们所知，如果对于相空间中的"坐标" $v(x)$ 引进 Poisson 括号

$$\{v(x), v(y)\} = \delta'(x - y)$$

并取哈密顿量为泛函

$$H = \int_{-\infty}^{\infty} \left(v^3(x) + \frac{1}{2}v_x^2(x)\right)\mathrm{d}x$$

那么，KdV 方程就可以由哈密顿力学中的一般公式得到。此外，在新坐标 $r(k)$ 下的解表明，初始数据的一半，即 $|r(k)|$ 是不随时间变化的。这是对完全可积情形的一个刻画。我们以 $r(k)$ 的形式来计算 Poisson 括号，并找到哈密顿函数关于它的表达式。用这种方式，我们在文献 [23] 中做到了对 KdV 方程的角度-作用量变量（angle-action variable）的完整构造。

可积性的想法对于 GGKM 团队来说并不陌生。确实，Kruskal 和 Zabusky 早些的工作就是受到 Fermi, Pasta 和 Ulam 在最早的电子计算

机之一上进行的一个著名数值实验的驱使。在拥有一个新的计算设备后,他们打算找一个有趣的应用,于是决定检验一个有许多自由度的哈密顿系统的能量假设的均分。他们选择了这样一个非线性的相互影响振子链,其相互影响看起来足够一般。但是,被研究的系统表现出意料之外的行为,均分没能在合理的时间内完成。所以这个系统说明自身很像是完全可积的。后来人们了解到,Fermi-Pasta-Ulam 实验确实可由一个可积系统很好地近似。GGKM 当然也研究这个方向,Gardner 独立证明了 KdV 方程的完全可积性。但是,他并没有使用散射理论的形式化方法,也没有推导出明确的角度–作用量变量。

KdV 方程的一个显著特点是孤立波解(术语来源于流体力学)的存在性,Kruskal 和 Zabusky 称之为"孤立子",这明显是在追赶粒子物理的潮流。但是,孤立子的粒子解释在流体力学中是晦涩的。我相信是 KdV 的角度–作用量公式化给孤立子的粒子特性建立了稳固的基础。

确实,Zakharov 和我所发现的哈密顿函数 H 和动量 P 的公式

$$P = \int v^2 dx = \sum_{i}^{N} \lambda_i + \int k^2 \rho(k) dk; \quad H = \sum_{i}^{N} \lambda_i^{3/2} + \int_0^{\infty} k^3 \rho(k) dk$$

看起来就像由相互独立且具有动量 λ_i 和能量 $\varepsilon_i = \lambda_i^{3/2}$ 并满足同样的色散律 $\varepsilon(k) = k^{3/2}$ 的波状激发的粒子组成的系统的情形。对这种激发的量子化也会走向粒子。用算子 L 的谱理论的术语来说,参数 $(-\lambda_i)$ 是负特征值,并且

$$\rho(k) = \frac{k}{2\pi} \ln(1 - |r(k)|^2)$$

是一个谱密度;它们组成了一个作用量的完全集。特征值的出现有一个非微扰的影响,孤立子所对应的粒子看起来就像是规避当时仍在量子场论中占主导地位的微扰范式的候选方案,也就是,超越一场一粒子的规则。

两种情况阻碍了这个新的诱人机会:其一,从量子的观点,KdV 方程看起来是不相干的;其二,更严重的是,对应的时空是二维的这个事实。随着更多相关例子的出现,第一个障碍很快就被解决了;但第二个一直保留到现在。所以,在很长一段时间内,这个学科的发展只有一个典型的模式,距离在粒子物理中的实际应用还差很远。出于数学上的兴趣,这对于我继续研究孤立子的量子化问题来说,并不是决定性的阻碍。

非线性 Schrödinger 方程是一个同样可以使用逆散射方法的更合适的模型。而且,它有一个新的特点——孤立子有两个自由度,而不是一个(它对应于相应的 L 算子的复特征值,当耦合常数 g 取负号时 L 不是自伴随的)。动量–能量关系 [24]

$$P = \sum p_i + \int p\rho(p) dp; \quad H = \sum \frac{1}{2M_i} p_i^2 + \int p^2 \rho(p) dp$$

看起来正像是非相对论力学的情形一样。由于质量 M 与角 φ 共扼，$0 \leqslant \varphi \leqslant 2\pi$，它的准经典量子化将得到质量 $M = 1, 2, \cdots$ 的离散谱。在新的图像下，孤立子的粒子解释得到新的支持，但为了得到完全的实现，我们需要一个相对论的例子。这很快由著名的正弦 Gordon（sine-Gordon）方程

$$\varphi_{tt} - \varphi_{xx} + \frac{m^2}{\gamma} \sin \gamma\varphi = 0$$

得到。1972 年初，当我在普林斯顿大学将我的 KdV 文章与 Zakharov 的工作联系起来时，John Klander 提示我这个方程可能是可积的。我与 Zakharov 一起开始，并与新学生 Leon Takhtajan 一起完成了为期两年的工作 [26]，在 1973 年底构造出了合适的角度–作用量变量。现在能量–动量关系明显是 Lorentz 协变的 [26, 27]。

$$P = \sum p_i + \sum k_l + \int k\rho(k)\mathrm{d}k;$$
$$H = \sum \sqrt{p_i + M^2} + \sum \sqrt{k_l^2 + \mu^2} + \int \sqrt{k^2 + m^2}\rho(k)\mathrm{d}k,$$

这里，第一个求和对应于没有内部自由度的质量为 $M = 8m/\gamma$ 的孤立子；第二个求和对应于有内部自由度（被生动地称为"呼吸子"（breather））的孤立子，$\mu = (16m/\gamma)\sin\theta$ 是动力学变量（作用量变量 θ 典型地共轭于角 φ，$0 \leqslant \varphi \leqslant 2\pi/\gamma$）；第三项表示波状解的贡献。准经典量子化立即给出孤立子的粒子解释，其中呼吸子给出了大量的质量谱

$$m_n = \frac{16m}{\gamma} \sin \frac{\gamma n}{16}, \quad n = 1, 2, \cdots, \left[\frac{\pi}{2\gamma}\right]。$$

关于这个结果的简短通告（其中包含一个没有必要的变换 $n \to n+1$，这是由对准经典形式化不加批判的处理造成的）发表在 [26] 中。

这个发现让我非常兴奋，1973 年底，一篇与 Takhtajan 合作的有着非常自负标题 "The relativistic one-dimensional model, generating several particles" 的文章投给 *Physics Letters*。但是，由于铁幕或编辑的不关心，它没有被发表。后来，在 1974 年孤立子粒子对应的想法突然得到重视，许多作者从不同出发点 [28—31] 提出了这个想法。

有必要指出：在这个发展之前，Skyrme 主张粒子–孤立子对应的想法，但他用的是纯粹经典的非量子的方法。Skyrme 使用正弦 Gordon 模型 [32]，并设计了一个四维时空中方程的粒子状解的例子 [33]。

与此同时，逆散射方法一直在发展并且吸引了越来越多的追随者。例子不断增多，工具变得更加技术化。另一个美国的团队（AKNS，即 Ablowitz，Kaup，Newell，Segur）[34] 以及 Flashka [35] 也参与其中。Zakharov 招收

了一个满腔热情的学生 Manakov [36]。在我这里，Kulish 和 Korepin 加入了 Takhtajan 关于我们这个方法的工作。S. Novikov 提出了一个强大的想法，可用于有限空间 $-L \leqslant x \leqslant L$ 与周期边界条件的情形 [37]。这份截至 1973 年底的名单，在接下来的几年中开始迅速扩展。

在此期间的一项技术成就（来自 AKNS，Novikov，Zakharov 和 Shabat[25]），就是 Lax 的方法被更强大的零曲率条件所取代：该非线性方程由协变导数 $\nabla_1 = \partial_x + U(x, t; \lambda)$ 和 $\nabla_0 = \partial_t + V(x, t; \lambda)$ 的交换性条件给出，其中 U 和 V 是被场 $v_i(x,t)$ 和复数 λ 参数化的矩阵。Lax 方法中的谱问题被一个附加线性方程

$$L(\lambda)\Psi \equiv (\partial_x + U(x,\lambda))\Psi = 0$$

所取代，其中"谱参数" λ 可以非线性地加进去。在此公式中，散射数据被定义为绕异性（holonomy）

$$T_L(\lambda) = \overleftarrow{\exp}\left\{\int_{-L}^{L} U(x,\lambda)\mathrm{d}x\right\}$$

的渐近行为，其中记号 $\overleftarrow{\exp}$ 表示有序的指数。角度–作用量变量的引进是建立在直接计算绕异性矩阵元素的 Poisson 括号（或它在 $L \to \infty$ 时的渐近行为）可能性的基础上。在 [27] 中 Takhtajan 和我正是用这种想法处理了正弦 Gordon 模型。

Takhtajan [39] 提出了一个有意义的例子，在 L 算子中出现了不可加性的 λ：

$$L(x) = \frac{\partial}{\partial x} + \frac{S(x)}{\lambda},$$

其中 $S(x) = \begin{pmatrix} S_3 & S_1 - iS_2 \\ S_1 + iS_2 & -S_3 \end{pmatrix}$ 由实场 $S_a(x)(a = 1, 2, 3)$ 来参数化。这个 L 算子适合 Heisenberg 铁磁体方程

$$\frac{\partial S^a}{\partial t} = \varepsilon_{abc} S^b_{xx} S^c。$$

于是，在 20 世纪 70 年代中期，一个能得到"可积模型"（一个逐渐取代了孤立子方程的新的术语）的角度–作用量变量的良定（well defined）步骤被设计出来。这个方案：

非线性方程 → 算子 $L(\lambda)$ → 有限区间的绕异性 → $-L < x < L$，L 很大时的渐近性 → 角度–作用量变量

在所有已知的例子中被详尽阐述，但在每一个具体的情形下仍需要分别解决。基于角度–作用量变量存在性的准经典量子化给出了孤立子和波激发的粒子

解释，产生了有趣的质量谱。时间很大时的渐近性给出了对应的散射相移非常直接的公式。Korepin 和我在文献 [40] 中，评论了这个发展的结果与技术上的意义，其中可以找到更多的参考文献。

在文献 [40] 完成后，我知道准经典量子化的可能性已被详尽讨论，是时候将逆散射方法的所有形式化在量子领域再做一遍了。乍看之下，这个想法过于惊人。但是，有两种情况表明对可积模型做恰当量子化是有可能的：

1）存在这样的模型，其恰当量子化我们已经知道，叫作 NSE 模型。它的哈密顿函数的量子版本是

$$H = \int_{-\infty}^{\infty} \partial_x \Psi^* \partial_x \Psi \mathrm{d}x + g \int_{-\infty}^{\infty} (\Psi^*(x))^2 (\Psi(x))^2 \mathrm{d}x,$$

其中满足对易关系

$$\Psi^*(x)\Psi(y) - \Psi(y)\Psi^*(x) = \delta(x-y)$$

的算子 $\Psi^*(x)$，$\Psi(x)$ 可被约化为带有 δ 函数两两相互作用的非相对论粒子的一族 N 体 Schrödinger 算子

$$H_N = -\sum \frac{\mathrm{d}^2}{\mathrm{d}x_i^2} + g \sum_{i<j} \delta(x_i - x_j), \quad i = 1, \cdots, n。$$

从前面提到的 McGuire，Berezin，Yang，Brezin 和 Zinn-Justin 的文章，知 Schrödinger 方程

$$H_N \Psi = E\Psi$$

是可解的。

2）Adler [41] 和 Kostant [42] 关于可积模型有一个 Lie 代数余伴随轨道解释的深刻见解。Adler 研究了 KdV 方程，相应的代数就是拟微分算子代数。Kostant 研究了 Toda 格点（Toda lattice）模型，相应的代数是 SL$(N, \mathbf{C})$。在轨道方法 [43] 中，量子化意味着相应的 Lie 代数表示，这通常是十分直接的；所以这个联系展示了一个可积模型的恰当量子化，即相应 Lie 代数的表示是很可行的。

受这些情况的驱使，我招收一个新学生 E. Sklyanin 来研究恰当量子化。首先，我们猜测了量子版本的渐近绕异性（单值性）矩阵元素的恰当对易关系 [44]。量子哈密顿量的恰当特征值与质量谱可以从这些关系中得到。这也鼓励我们去进行更加系统的研究。

另一个支持逆散射方法量子化可能性的迹象来自一个完全不同的方向——我偶然看到 Baxter 关于经典统计力学二维晶体模型的文章 [12]：所谓的转移矩阵方法（至少要追溯到 L. Onsager 关于伊辛模型的著名文章）中的几个公式以及它们的用处与 L 算子单值性（monodromy）特点惊人地相似。

Sklyanin 迅速将 Baxter 方法中的一些想法用于量子非线性 Schrödinger 方程 [45]。其主要思路是，将一个（局部）L 算子矩阵元素的对易关系写成某种形式，从而能用它来推导（整体）单值性的矩阵元素的对易关系。文章 [46,47] 独立完成了关于 NLS 方程 Lax 算子散射数据的量子解释的工作。

这个成果非常振奋人心。但是，Sklyanin 大量使用了引进算子 $\Psi^*(x)$，$\Psi(x)$ 的正规排序（normal ordering）的可能性。在正弦 Gordon（以下简称 SG）的情形是没有这样的排序的。而且，SG 模型中会出现无穷大，需要用质量的重正化（renormalization）来消除。

所以，我决定尝试另一个技巧来正则化这个量子场论问题，即分离空间变量。辅助的线性问题变成

$$\Psi_{n+1} = L_n(\lambda)\Psi_n$$

的形式，其中 L_n 可以解释为一个沿着长度为 Δ 的线段（放置在格点上）的"无穷小"绕异性，满足

$$L_n(\lambda) \cong I + \Delta U(x,\lambda), \quad x = n\Delta。$$

正弦 Gordon 模型中的 $L_n(\lambda)$ 是一个 2×2 矩阵，其中元素可以用动力学变量与复参数 λ 来表达；在经过对 $L_n(\lambda)$ 合适选择的一些试验后，Takhtajan，Sklyanin 和我 [48] 发现了形如

$$R(\lambda-\mu)L_n^1(\lambda)L_n^2(\mu) = L_n^2(\mu)L_n^1(\lambda)R(\lambda-\mu)$$
$$L_n^1(\lambda)L_m^2(\mu) = L_m^2(\mu)L_n^1(\lambda), \quad m \neq n$$

的局部对易关系。我们将用到如下记号：L^1 和 L^2 是 4×4 矩阵，由 2×2 矩阵 $L_n(\lambda)$ 按照

$$L^1 = L \otimes I; \quad L^2 = I \otimes L$$

来构造，这里矩阵的张量积按照结构 $\mathbf{C}^4 = \mathbf{C}^2 \otimes \mathbf{C}^2$ 来定义。4×4 矩阵 $R(\lambda)$ 的矩阵元是只关于 λ 的函数：R 中不含动力学变量。在后文中，我们称上述关系为基本对易关系（FCR）。在加入周期性条件 $L_n \equiv L_{n+N}$（可以将其理解为在空间中有限体积上再做一次正则化）后，我们考虑单值性

$$M(\lambda) = \overleftarrow{\prod} L_n(\lambda) = L_N(\lambda)\cdots L_1(\lambda) = \begin{pmatrix} A(\lambda) & B(\lambda) \\ C(\lambda) & D(\lambda) \end{pmatrix}。$$

从 $L_n(\lambda)$ 的 FCR 我们得到 $M(\lambda)$ 满足同样的 FCR：

$$R(\lambda-\mu)M^1(\lambda)M^2(\mu) = M^2(\mu)M^1(\lambda)R(\lambda-\mu)。$$

因此我们知道 FCR 简化了 Takhtajan 和我在 1973 年花费巨大努力得到的 SG 情形散射矩阵元素的 Poisson 关系的复杂计算。$M(\lambda)$ 的 FCR 表明它的迹

$$\operatorname{tr} M(\lambda) = A(\lambda) + D(\lambda)$$

对谱系数的不同取值是对易的，即 $[\operatorname{tr} M(\lambda), \operatorname{tr} M(\mu)] = 0$。所以，$\operatorname{tr} M(\lambda)$ 可以看作是一族对易算子的生成函数；物理的哈密顿量属于这族算子（待证明），所以它带有许多相互对易的守恒量（量子作用量）。

这些公式与经典统计力学中关于二维格点的公式 [12] 十分相似。格点 Lax 算子类似于局部 Boltzmann 权。基本对易关系类似于星三角方程。单值性 $M(\lambda)$ 的迹类似于转移矩阵。统计力学中没有用到 $M(\lambda)$ 的非对角元，但它们在我们的故事中有重要的作用。

的确，该矩阵的非对角元被证实是角度变量的量子版本。实现方法如下：我们构造 $\operatorname{tr} M(\lambda)$ 的一个特定的特征向量 Ω 使得 $C(\lambda)\Omega = 0$，并且证明只要系数 $\lambda_i (i = 1, \cdots, l)$ 满足某个代数方程组（要求有限体积），则

$$\Omega(\{\lambda\}) = B(\lambda_1) \cdots B(\lambda_l) \Omega$$

也是一个特征向量。

得到这些结果后，我们不禁觉得，逆散射方法的这种本质上代数化的新形式是非常普遍与最自然的。Korepin, Kulish 以及一些新人—— Izergin, Reshetikhin, Smirnov, Tarasov 逐渐加入我们，这些活跃的工作揭示，被称为量子逆散射方法（QISM）的形式化方法确实很强大。所有的经典模型如 NLS、Toda 格点、Heisenberg 磁体等，都在这个方法的领域内。在最后这个例子中，动力学变量是自旋变量，我们发现对于它们的一个自旋 1/2 的表示，用这种方法可以代数地得到 H. Bethe 早在 1931 年通过直接计算得出的结果。Bethe 当时在解一个由动量 $p_1, \cdots, p_l$ 参数化的粒子波函数的 Schrödinger 方程组，他证明了由坐标的周期性条件可以得到关于 $p_i (i = 1, \cdots, l)$ 的方程

$$e^{ip_i N} = \prod_{i \neq j} S(p_i - p_j)$$

（其中 $S(p)$ 是两体情形的散射振幅）。

SG 情形的方程在本质上也有同样的形式。而且，QISM 在一个自旋 1/2 链上的应用得到的正是 Bethe 方程。因此，这种一般的形式化方法又多了一个基础，我们开始称自己的方法为代数 Bethe 拟设（ABA）。通过这种方式，我们的进展与一个已经在量子力学多体问题中占有突出地位的不同领域融合，并引发出新的解释与推广。介绍 QISM 或 ABA 在具体物理问题中的应用将不包含在本文的目标之列。（文献 [49,50] 给出了一些代表性结果。）这样，我

们的列宁格勒团队和其他几个团队平行地工作，尤其是与 Landau 研究所以及巴黎六大的 LPTHE。我们在这里给出一些参考文献 [51—54]，然后继续此方法的代数方面的讨论。

Bethe 例子的代数处理是建立在 L_n 算子

$$L_n(\lambda) = \begin{pmatrix} \lambda + iS_n^3 & S_n^1 - iS_n^2 \\ S_n^1 + iS_n^2 & \lambda - iS_n^3 \end{pmatrix}$$

的基础上，这里 $S_n^a (a = 1, 2, 3, \ n = 1, \cdots, N)$ 是作用在 $\Pi \otimes \mathbf{C}^2$ 上的自旋算子

$$S_n^a = I \times I \times \frac{1}{2}\sigma^a \times \cdots I,$$

其中 $\mathbf{C}^2$ 看作是 $SU(2)$ 的由 Pauli 矩阵 σ^a 来实现的二维表示：

$$\sigma^1 = \begin{pmatrix} 0 & 1 \\ 1 & 0 \end{pmatrix}, \quad \sigma^2 = \begin{pmatrix} 0 & -i \\ i & 0 \end{pmatrix}, \quad \sigma^3 = \begin{pmatrix} 1 & 0 \\ 0 & -1 \end{pmatrix}。$$

将这个 L 算子与 Takhtajan 的经典连续情形作比较后发现，前者是后者最简单的离散化，这件事是有意义的。我们开始知道，同样的 L 算子也可以用于动力学变量 S_n^a 的更高阶自旋表示；然而新的问题来了，即要定义合适的交换算子系。Kulish，Reshetikhin 和 Sklyanin [55] 的自旋系统的特解，以及包含在其中的 Korepin 和 Izergin [56] 对 NLS 系统自然的离散空间正规化，被 Tarasov，Takhtajan 和我 [57] 阐明。我们的结果可以解释如下。FCR 和 L 算子的具体选择对应了下列万有代数方案的表示：一个给定的代数 $\mathcal{A}$ 有表示 $\rho^a(\lambda)$，由"自旋" a 和复参数 λ 来参数化（一个典型的例子是仿射代数的情形）。一个万有对象 R 定义为 $\mathcal{A} \otimes \mathcal{A}$ 中的元素，满足在 $\mathcal{A} \otimes \mathcal{A} \otimes \mathcal{A}$ 中有

$$R^{12}R^{13}R^{23} = R^{23}R^{13}R^{12}$$

成立，这里我们用到记号 $R^{12} = R \otimes I$，$R^{12} = i \otimes R$，等等。L 算子作为

$$L(\lambda - \mu) = (\rho^a(\lambda) \otimes \rho^b(\mu)) R$$

而出现，这里表示 $\rho^a(\lambda)$ 对应了一个链中给定格点的动力学变量的选择，$\rho^b(\mu)$ 定义了对应的矩阵（辅助）空间。在特殊情形 $\rho^a(\lambda) = \rho^b(\lambda) = \rho(\lambda)$，局部动力学空间与辅助空间相同，事实上，例如在 Bethe 的情形，自旋 1/2 磁链与 R 的一般关系推出对于

$$R(\lambda - \mu) = (\rho(\lambda) \otimes \rho(\mu))R$$

有

$$R^{12}(\lambda - \mu)R^{13}(\lambda - \sigma)R^{23}(\mu - \sigma) = R^{23}(\mu - \sigma)R^{13}(\lambda - \sigma)R^{12}(\lambda - \mu)。$$

这对于 C. N. Yang（两体散射矩阵关系）与 R. Baxter（平面上的统计力学中可解晶体模型的 Boltzmann 权关系）来说，是最后一个基本关系。这就是为什么 Takhtajan 和我提出，将其称为 Yang-Baxter 关系。现在，它在物理与数学文献中都以这个名字出现，也被用于前面的 FCR 中。然而，只有量子逆散射法能自然地区分 R 矩阵和 FCR 中的 L 算子，并由此得到更一般的 ABA 方法。

在这里提到 Yang-Baxter 关系与辫子群的关系是有意义的。设 σ 是 $\mathcal{A} \otimes \mathcal{A}$ 的一个排列算子，$\sigma(a \otimes b) = b \otimes a$。则 $\hat{R} = R\sigma$ 满足关系

$$\hat{R}_{12}\hat{R}_{23}\hat{R}_{12} = \hat{R}_{23}\hat{R}_{12}\hat{R}_{23},$$

这正是辫子群生成元之间的关系。因此 ABA 自然地很快在扭结理论中变得有用。

然而，让我们回到 20 世纪 80 年代初的另一个发展。在用 ABA 处理了如 NLS, SG 和 HM 这样的模型后，我们试图扩大这个方法的效力。Kulish 和 Reshetikhin [58] 发现，L 算子

$$L_n(\lambda) = \frac{1}{\sin\gamma} \begin{pmatrix} \sinh(\lambda + i\gamma S_n^3) & i\sin\gamma S_n^- \\ i\sin\gamma S_n^+ & \sinh(\lambda - i\gamma S_n^3) \end{pmatrix}$$

适用于各向异性磁链（即所谓的 XXZ 模型），并且满足 FCR，如果动力学变量 S_n 满足关系

$$[S_n^3, S_n^\pm] = \pm S_n^\pm, \quad [S_n^+, S_n^-] = \frac{\sin\gamma S_3}{\sin\gamma},$$

这显然定义了 Lie 代数 SL(2) 的一个形变，形变参数为 λ。Sklyanin [59] 提出了这个代数更进一步的两个参数的形变，对应于完全各向异性 XYZ 模型，并发展了此代数的表示论。同时，Izergin 和 Korepin [56,57] 证明了连续模型，例如 NLS 或 SG，在恰当离散化后，可以分别被看作是对应 XXX 和 XXZ 模型的表示。于是，随着量子逆散射方法的发展，它的代数基础变得更加清楚与简明。显然它需要一个更加抽象的代数观点。

Drinfeld [61] 将 SL(2) 的 Kulish-Reshetikhin 形变推广到任意半单 Lie 代数（Jimbo [62] 也独立完成），并且用一类特殊的 Hopf 代数的形式来解释它。考虑到各方面的联系，Drinfeld 称这些代数为"量子群"。在 Berkeley 举办的 ICM-86 上他的著名演讲中，Drinfeld 介绍了一般定义，前面提到的万有对象 R，以及量子群作为经典 Lie 代数的形变的例子。Drinfeld 的方法中使用的是 Kulish-Reshetikhin 关系的推广，而不是 FCR。因此，我们列宁格勒的团队决定发展一套仅从 FCR 来构造量子群的方法。这被 Reshetikhin, Takhtajan 和我 [64] 实现，并且我们的方法在物理与数学中出现的许多应用上都十分可行。

最显然的应用——表示论、微分几何以及特殊函数的对应理论，现在都有很多人在研究它们并给出各种 q-版本的基础，这里 $q = e^{i\gamma}$，这种类型的结果从 Gauss 开始就出现在组合的研究中。量子群在这个领域中的地位就与经典 Lie 代数在特殊函数理论中的地位一样。然而，对于 q 为单位根的特殊情形，表示论的新特性导致了一些有趣的算术理论的出现。关于这个发展的不同的方面与参考文献，可以在专著 [60, 66, 67]、论文集 [68] 以及会议记录 [69, 70] 中找到。

扭结理论也极大地受益于这个发展。Turaev 和 Reshetikhin [72] 证明了，V. Jones [71] 的一个独立的方法有一个量子群及其表示的自然的解释。

然而，将量子群带回到物理领域的应用尽管重要，却不那么显然。人们逐渐认识到，量子群和共形场论有着本质上的联系。这个理论在统计力学中有着起源与重要应用 [73]，Polyakov（这个理论最活跃的发展者之一）[74] 证明了它是弦论的重要组成部分，因此量子逆散射方法发展的这些结果进入了量子场论的主流。

所有这些对纯数学的许多分支如拓扑、非交换几何、组合数学、无穷维代数结构及其表示、复分析等的影响都非常大。数学家团体无疑很欣赏这一发展：在东京举办的 ICM-90 上，有三位菲尔兹奖获得者的工作都显然与其相关。

数学物理极大地发展，它得到了一个新的方法与一族可解的特定的问题。

这个成就在物理上的价值，现在似乎要取决于弦论的成功。然而，量子群的一般哲学的不同方面，即时空本身的量子化的可能性也值得关注（参考，例如 [75]）。

因此，应用等离子物理中用于 Korteweg-de Vries 方程这个例子的形式技巧在数学上逐渐发展并将在量子力学中有所应用，给固体物理中的多体问题的方法带来新的曙光，明确了几个基本公式，并得到了有着一系列未曾预料到的应用的新的数学结构，这些应用中包括现代物理学中基本粒子的研究。

我相信这个近 25 年内在我们眼前逐渐展开的进程在物理与数学相关联的历史上是前所未有的。由于它还没有结束，我们可以期待在不远的将来会有更多的事情发生。

参考文献

[1] Korteweg, D. and de Vries, G.: *Phil. Mag.* 39 (1895), 442.

[2] Gardner, C. S., Greene, J. M., Kruskal, M. D.,and Miura, R. M.: *Phys. Rev. Lett.* 19 (1967), 1095.

[3] Lieb, E. H. and Matis, D. C. (eds): *Mathematical Physics in One-Dimension*, Academic Press, New York and London, 1966.

[4] Bethe, H.: *Zeit. Phys.* 71 (1931), 105.

[5] Hulten, L.: *Arkiv. Mat. Astron.* Fysik 26A(1938), 1.

[6] Gaudin, M.: *Phys. Rev. Lett.* 26 (1971), 1301.

[7] Des Cloizeaux, J. and Pearson, J. J.: *Phys. Rev.* 150 (1966), 327.

[8] Yang, C. N. and Yang, C. P.: *Phys. Rev.* 150 (1966), 131.

[9] Lieb, E. H. and Liniger, W.: *Phys. Rev.* 130 (1963), 1605.

[10] Onsager, L.: *Phys. Rev.* 65 (1944), 177.

[11] Lieb, E. H.: *Phys. Rev.* 162 (1967), 162 (1967), 162; *Phys. Rev. Lett.* 19 (1967), 108.

[12] Baxter, R. J.: *Ann. Phys.* (N. Y.) 70 (1972), 323; *Ann. Phys.* (N. Y.) 76 (1973), 1; *Ann. Phys.* (N. Y.) 76 (1973), 25; *Ann. Phys.* (N. Y.) 76 (1973), 48.

[13] McGuire, I. B.: *J. Math. Phys.* 6 (1965), 432.

[14] Berezin, F. A., Pokhil, G. P., and Finkelberg, V. M.: *Vestnik Mosk. Gos. Univ.* 1 (1964), 21.

[15] Yang, C. N.: *Phys. Rev. Lett.* 19 (1967), 1312.

[16] Brezin, E. and Zinn-Justin, J.: *CR Acad. Sci.*, Paris, B 263 (1966), 670.

[17] Gelfand, I. M. and Levitan, B. M.: *DAN SSSR* 88 (1953), 593.

[18] Krein, M. G.: *Doklady AN SSSR* 105(3) (1955), 433

[19] Marchenko, V. A.: *Doklady AN SSSR* 104(5) (1955), 695.

[20] Lax, D.: *Comm. Pure Appl. Math.* 21 (1968), 467.

[21] Zakharov, V. E. and Shabat, A. B.: *JETP* 61 (1971), 118; English translation in Sov. Phys. JETP 34 (1972), 62.

[22] Faddeev, L. D.: *Doklady AN SSSR* 121 (1958), 63.

[23] Zakharov, V. E. and Faddeev, L. D.: *Funk. Anal. Pril.* 5 (1972), 18.

[24] Zakharov, V. E. and Manakov, S. V.: *Doklady AN SSSR* 19 (1973), 332.

[25] Zakharov, V. E., Faddeev, L. D., and Takhtajan, L. A.: *Doklady AN SSSR* 219 (1974), 1334.

[26] Takhtajan, L. A and Faddeev, L. D.: *Uspekhi Math. Nauk* 28 (1974), 249.

[27] Takhtajan, L. A and Faddeev, L. D.: *Theor. Math. Phys.* 21 (1974), 160.

[28] Dashen, R. F., Hasslasher, B., and Neveu, A.: *Phys. Rev.* D11 (1975), 3424.

[29] Coleman, S.: *Phys. Rev.* D11 (1975), 2088.

[30] Goldstone, J. and Jackiw, R.: *Phys. Rev.* D11 (1975), 1486.

[31] Frölich, J.: *Comm. Math. Phys.* 47 (1976), 269.

[32] Skyrme, T. H. R.: *Proc. Roy. Soc.* A247 (1958), 260.

[33] Skyrme, T. H. R.: *Proc. Roy. Soc.* A260 (1961), 127.

[34] Ablowitz, M. J., Kaup, D. J., Newell, A. C., and Segur H.: *Stud. Appl. Math.* 53(4) (1973), 249.

[35] Flashka, H.: *Phys. Rev.* B9(4) (1974), 215.

[36] Manakov, S. V.: *Zh. Eksper. Teor. Fiz.* 65 (1973), 505.

[37] Novikov, S. P.: *Funk. Anal. Pril.* 8(3) (1974), 54.

[38] Zakharov, V. E. and Shabat, A. B.: *Funk. Anal. Pril.* 13(3) (1979), 13.

[39] Takhtajan, L. A.: *Zapiski LOMI* 37 (1973), 66.

[40] Faddeev, L. D. and Korepin, V. E.: *Phys. Rep.* C42 (1978), 3.

[41] Adler, M.: *Invent. Math.* 50(2) (1979), 219.

[42] Kostant, B.: *Adv. Math.* 34 (1979), 195.

[43] Kirillov, A. A.: *Elements of Representation Theory*, Nauka, Moscow, 1972 (in Russian).

[44] Faddeev, L. D. and Sklyanin, E. K.: *Sov. Akad. Dokl.* 244 (1978), 1337.

[45] Sklyanin, E. K.: *Sov. Akad. Dokl.* 244 (1978), 1337.

[46] Thacker, H. B. and Wilkinson, D.: *Phys. Rev.* D19 (1979), 3660.

[47] Honerkamp, J., Weber, P., and Weisler, A.: *Nucl. Phys.* B152 (1979), 266.

[48] Faddeev, L. D., Sklyanin, E. K., and Takhtajan, L. A.: *Teor. Mat. Fiz.* 40 (1979), 194.

[49] Korepin, V. E., Bogolubov, N. M., and Izergin, A. G.: *Quantum Inverse Scattering Method and Correlation Function*, Cambridge Monograph. Mathematical Physics, Cambridge University Press, 1993.

[50] Faddeev, L. D. and Takhtajan, L. A.: *Phys. Lett.* 85A (1981), 375.

[51] Zamolodchikov, A. B. andZamolodchikov, Al. b.: *Ann. Phys.* (N. Y.) 120 (1979), 253.

[52] Belavin, A. A.: *Funk. Anal.* 14 (1980), 18.

[53] Babelon, O., De Vega, H. J., and Viallet, C. M.: *Nucl. Phys.* B220 (1983), 283.

[54] De Vega, H. J.: *Integrable Quantum Field Theories and Statistical Models*, World Scientific, Singapore, 1986.

[55] Kulish, P. P., Reshetikhin, N. Yu., and Sklyanin, E. K.: *Lett. Math. Phys.* 5 (1981),393.

[56] Izergin, A. G. and Korepin, V.E.: *Doklady AN SSSR* 259 (1981), 76.

[57] Tarasov, V. O., Takhtajan, L. A., and Faddeev, L. D.: *Teor. Mat. Fiz.* 57 (1983), 1059.

[58] Kulish, P. P. and Reshetikhin, N. Yu.: *Zapiski Nauchn. Semin. LOMI* 101 (1981), 101.

[59] Sklyanin, E. K.: *Funk. Anal. Pril.* 16(4) (1982), 27.

[60] Izergin, A. G. and Korepin, V. E.: *Lett. Math. Phys.* 5 (1981), 199.

[61] Drinfeld, V. G.: *Doklady AN SSSR* 282 (1985), 1060.

[62] Jimbo, M.: *Lett. Math. Phys.* 11 (1986), 247.

[63] Drinfeld, V. G.: *in Proc. Int. Congr. of Math.* Berkeley, Vol. 1, p. 798, 1986.

[64] Faddeev, L. D., Reshetikhin, N. Yu., and Takhtajan, L. A.: *Leningrad Math. J.* 1 (1990).

[65] Shnider, S. and Sternberg, S.: *Quantum Groups*, Int. Press, Boston, 1993.

[66] Lusztig, G.: *Introduction to Quantum Groups*, Birkhäuser, Basel, 1993.

[67] Chari, V. and Pressley, A. N.: *A Guide to Quantum Groups*, Cambridge University Press, Cambridge, 1994.

[68] Yang, C. N. and Ge, M. L. (eds): *Braid Group, Knot Theory and Statistical Mechanics*, Advanced Series Math. Phys., Vols 9 and 17, World Scientific, 1989,1994.

[69] Doebner, H. J. and Dobrev, V. (eds): *Quantum Groups*, Lect. Notes Phys., Vol. 370, 1990.

[70] Kulish, P. P. (ed.): *Quantum Groups*, Lect. Notes Math., Vol. 1510, 1992.

[71] Jones, V. F. R.: *Bull. Amer. Math. Soc.* 12 (1985), 103.

[72] Reshetikhin, N. and Turaev, V.: *Invent. Math.* 103 (1991), 547.

[73] Belavin, A. A., Polyakov, A. M., and Zamolodchikov, A. B.: *Nucl. Phys.* B241 (1984), 333.

[74] Polyakov, A. M.: *Phys. Lett.* 103B (1981), 207.

[75] Wess, J. and Zumino, B.: *Nucl. Phys. Suppl.* 19B (1990), 330.

编者按：本文译自 Instructive History of the Quantum Inverse Scattering Method, *Acta Applicandae Mathematicae* 39: 69-84, 1995.

科学素养丛书

书号	书名	著译者
9787040295849	数学与人文	丘成桐 等 主编,姚恩瑜 副主编
9787040296235	传奇数学家华罗庚	丘成桐 等 主编,冯克勤 副主编
9787040314908	陈省身与几何学的发展	丘成桐 等 主编,王善平 副主编
9787040322866	女性与数学	丘成桐 等 主编,李文林 副主编
9787040322859	数学与教育	丘成桐 等 主编,张英伯 副主编
9787040345346	数学无处不在	丘成桐 等 主编,李方 副主编
9787040341492	魅力数学	丘成桐 等 主编,李文林 副主编
9787040343045	数学与求学	丘成桐 等 主编,张英伯 副主编
9787040351514	回望数学	丘成桐 等 主编,李方 副主编
9787040380354	数学前沿	丘成桐 等 主编,曲安京 副主编
9787040382303	好的数学	丘成桐 等 主编,曲安京 副主编
9787040294842	百年数学	丘成桐 等 主编,李文林 副主编
9787040391305	数学与对称	丘成桐 等 主编,王善平 副主编
9787040412215	数学与科学	丘成桐 等 主编,张顺燕 副主编
9787040412222	与数学大师面对面	丘成桐 等 主编,徐浩 副主编
9787040422429	数学与生活	丘成桐 等 主编,徐浩 副主编
9787040428124	数学的艺术	丘成桐 等 主编,李方 副主编
9787040428315	数学的应用	丘成桐 等 主编,姚恩瑜 副主编
9787040453652	丘成桐的数学人生	丘成桐 等 主编,徐浩 副主编
9787040449969	数学的教与学	丘成桐 等 主编,张英伯 副主编
9787040465051	数学百草园	丘成桐 等 主编,杨静 副主编
9787040487374	数学竞赛和数学研究	丘成桐 等 主编,熊斌 副主编
9787040495171	数学群星璀璨	丘成桐 等 主编,王善平 副主编
9787040497441	改革开放前后的中外数学交流	丘成桐 等 主编,李方 副主编
9787040504613	百年广义相对论	丘成桐 等 主编,刘润球 副主编
9787040507133	霍金与黑洞探索	丘成桐 等 主编,王善平 副主编
9787040351675	Klein 数学讲座	F. 克莱因 著,陈光还 译,徐佩 校
9787040351828	Littlewood 数学随笔集	J. E. 李特尔伍德 著,李培廉 译
9787040339956	直观几何(上册)	D. 希尔伯特 等著,王联芳 译,江泽涵 校
9787040339949	直观几何(下册)	D. 希尔伯特 等著,王联芳、齐民友 译
9787040367591	惠更斯与巴罗,牛顿与胡克——数学分析与突变理论的起步,从渐伸线到准晶体	В.И. 阿诺尔德 著,李培廉 译
9787040351750	生命 艺术 几何	M. 吉卡 著,盛立人 译
9787040378207	关于概率的哲学随笔	P. S. 拉普拉斯 著,龚光鲁、钱敏平 译

书号	书名	著译者
9787040393606	代数基本概念	I. R. 沙法列维奇 著，李福安 译
9787040416756	圆与球	W. 布拉施克著，苏步青 译
9787040432374	数学的世界 I	J. R. 纽曼 编，王善平 李璐 译
9787040446401	数学的世界 II	J. R. 纽曼 编，李文林 等译
9787040436990	数学的世界 III	J. R. 纽曼 编，王耀东 等译
9787040498011	数学的世界 IV	J. R. 纽曼 编，王作勤 陈光还 译
9787040493641	数学的世界 V	J. R 纽曼 编，李培廉 译
9787040499698	数学的世界 VI	J. R. 纽曼 编，涂泓 译 冯承天 译校
9787040450705	对称的观念在19世纪的演变：Klein 和 Lie	I. M. 亚格洛姆 著，赵振江 译
9787040454949	泛函分析史	J. 迪厄多内 著，曲安京、李亚亚 等译
9787040467468	Milnor 眼中的数学和数学家	J. 米尔诺 著，赵学志、熊金城 译
9787040502367	数学简史（第四版）	D. J. 斯特洛伊克 著，胡滨 译
9787040477764	数学欣赏（论数与形）	H. 拉德马赫、O. 特普利茨 著，左平 译
9787040488074	数学杂谈	高木贞治 著，高明芝 译
9787040499292	Langlands 纲领和他的数学世界	R. 朗兰兹 著，季理真 选文 黎景辉 等译
9787040312089	数学及其历史	John Stillwell 著，袁向东、冯绪宁 译
9787040444094	数学天书中的证明（第五版）	Martin Aigner 等著，冯荣权 等译
9787040305302	解码者：数学探秘之旅	Jean F. Dars 等著，李锋 译
9787040292138	数论：从汉穆拉比到勒让德的历史导引	A. Weil 著，胥鸣伟 译
9787040288865	数学在19世纪的发展（第一卷）	F. Kelin 著，齐民友 译
9787040322842	数学在19世纪的发展（第二卷）	F. Kelin 著，李培廉 译
9787040173895	初等几何的著名问题	F. Kelin 著，沈一兵 译
9787040253825	著名几何问题及其解法：尺规作图的历史	B. Bold 著，郑元禄 译
9787040253832	趣味密码术与密写术	M. Gardner 著，王善平 译
9787040262308	莫斯科智力游戏：359 道数学趣味题	B. A. Kordemsky 著，叶其孝 译
9787040368932	数学之英文写作	汤涛、丁玖 著
9787040351484	智者的困惑 —— 混沌分形漫谈	丁玖 著
9787040479515	计数之乐	T. W. Körner 著，涂泓 译，冯承天 校译
9787040471748	来自德国的数学盛宴	Ehrhard Behrends 等著，邱予嘉 译
9787040483697	妙思统计（第四版）	Uri Bram 著，彭英之 译

网上购书： www.hepmall.com.cn, gdjycbs.tmall.com, academic.hep.com.cn, www.china-pub.com, www.amazon.cn, www.dangdang.com

其他订购办法：

各使用单位可向高等教育出版社电子商务部汇款订购。书款通过银行转账，支付成功后请将购买信息发邮件或传真，以便及时发货。购书免邮费，发票随书寄出（大批量订购图书，发票随后寄出）。

单位地址：北京西城区德外大街 4 号
电　　话：010-58581118
传　　真：010-58581113
电子邮箱：gjdzfwb@pub.hep.cn

通过银行转账：

户　　名：高等教育出版社有限公司
开 户 行：交通银行北京马甸支行
银行账号：110060437018010037603

郑重声明 高等教育出版社依法对本书享有专有出版权。

任何未经许可的复制、销售行为均违反《中华人民共和国著作权法》，其行为人将承担相应的民事责任和行政责任；构成犯罪的，将被依法追究刑事责任。为了维护市场秩序，保护读者的合法权益，避免读者误用盗版书造成不良后果，我社将配合行政执法部门和司法机关对违法犯罪的单位和个人进行严厉打击。社会各界人士如发现上述侵权行为，希望及时举报，本社将奖励举报有功人员。

反盗版举报电话　　（010）58581999　58582371　58582488
反盗版举报传真　　（010）82086060
反盗版举报邮箱　　dd@hep.com.cn
通信地址　　北京市西城区德外大街4号
　　　　　　高等教育出版社法律事务与版权管理部
邮政编码　　100120

图书在版编目（CIP）数据

霍金与黑洞探索/丘成桐等主编. -- 北京：高等教育出版社, 2018.11
（数学与人文. 第二十六辑）
ISBN 978-7-04-050713-3

Ⅰ. ①霍… Ⅱ. ①丘… Ⅲ. ①数学–普及读物②霍金（Hawking, Stephen 1942–2018）–生平事迹–通俗读物 Ⅳ. ①O1-49②K835.616.14-49

中国版本图书馆 CIP 数据核字（2018）第 233384 号

Copyright © 2019 by
Higher Education Press Limited Company
4 Dewai Dajie, Beijing 100120, P. R. China, and
International Press
387 Somerville Ave., Somerville, MA 02143, U.S.A.

策划编辑	李　鹏
责任编辑	李　鹏　李华英　和　静　吴晓丽
封面设计	王凌波
版式设计	童　丹
责任校对	高　歌
责任印制	韩　刚

出版发行	高等教育出版社
社　　址	北京市西城区德外大街 4 号
邮政编码	100120
购书热线	010-58581118
咨询电话	400-810-0598
网　　址	http://www.hep.edu.cn
	http://www.hep.com.cn
网上订购	http://www.hepmall.com.cn
	http://www.hepmall.com
	http://www.hepmall.cn
印　　刷	北京汇林印务有限公司
开　　本	787mm×1092mm　1/16
印　　张	11.75
字　　数	210 千字
版　　次	2019 年 1 月第 1 版
印　　次	2019 年 1 月第 1 次印刷
定　　价	29.00 元

本书如有缺页、倒页、脱页等质量问题，请到所购图书销售部门联系调换
版权所有　侵权必究
物　料　号　50713-00